北京工商大学青年教师科研启动基金项目资助
（项目号：QNJJ20123－10）

中国地方政府投资对经济发展影响的研究

郭冠楠　著

中国财经出版传媒集团
经济科学出版社
Economic Science Press

图书在版编目（CIP）数据

中国地方政府投资对经济发展影响的研究／郭冠楠著.
—北京：经济科学出版社，2017. 11
ISBN 978 - 7 - 5141 - 6186 - 1

Ⅰ.①中… Ⅱ.①郭… Ⅲ.①地方政府 – 政府投资 –
影响 – 区域经济发展 – 研究 – 中国 Ⅳ.①F127

中国版本图书馆 CIP 数据核字（2015）第 250519 号

责任编辑：王东岗
责任校对：隗立娜
版式设计：齐　杰
责任印制：邱　天

中国地方政府投资对经济发展影响的研究
郭冠楠　著
经济科学出版社出版、发行　新华书店经销
社址：北京市海淀区阜成路甲 28 号　邮编：100142
总编部电话：010 - 88191217　发行部电话：010 - 88191522
网址：www. esp. com. cn
电子邮件：esp@ esp. com. cn
天猫网站：经济科学出版社旗舰店
网址：http//jjkxcbs. tmall. com
北京财经印刷厂印装
880 × 1230　32 开　7 印张　200000 字
2017 年 11 月第 1 版　2017 年 11 月第 1 次印刷
ISBN 978 - 7 - 5141 - 6186 - 1　定价：30. 00 元
（图书出现印装问题，本社负责调换。电话：010 - 88191502）
（版权所有　侵权必究　举报电话：010 - 88191586
电子邮箱：dbts@ esp. com. cn）

前　言

　　《中华人民共和国国民经济和社会发展第十二个五年规划纲要》提出："构建扩大内需长效机制，促进经济增长向消费、投资、出口协调拉动转变"，肯定了投资对促进我国国民经济发展的重要地位。地方政府投资是我国经济社会建设的重要推动力之一，而且是国家投资宏观调控的主要对象之一。但是地方政府投资对经济发展并非只有正面效应。地方政府在经济活动中所扮演的多重角色和地方政府官员的政治动机，也容易造成中央政府决策执行不力，投资效果偏离既定目标，投资过度，地方保护主义，市场分割，权力寻租等问题。规范和优化地方政府投资行为对于促进我国经济社会平稳快速发展具有重要的意义。

　　有鉴于此，有必要对地方政府投资做系统的研究：第一，现行的地方政府投融资体制是怎样的；第二，我国地方政府投资行为存在哪些问题；第三，地方政府投资与经济增长的关系；第四，地方政府投资如何促进经济社会发展；第五，如何规范和优化地方政府投资行为。探索和解答以上几个问题，无论是在完善和发展政府投资理论，还是在地方政府投资促进经济发展提供可操作性的对策措施方面，都具有积极的意义。

　　通过借鉴国内外研究成果，深入分析和研究我国地方政府投资现状和地方政府投资对经济发展的影响，并提出合理规范地方政府投资行为的建议。具体来看，共分为五章，各章的主要研究内容如下所述。

　　第一章：导论。首先说明了现实背景和政策背景，在明确地方政府投资和经济发展两者概念的基础上，提出研究方法、内容以及可能实现的创新。

第二章：文献综述。对地方政府投资在经济学中的相关理论和我国地方政府投资对经济发展影响的理论进行综述，并对现有研究进行了总结与评述。

第三章：我国地方政府投资现状的分析。地方政府投资对经济发展影响的研究，首先应当考量地方政府投资体制的历史沿革，包含投资体制改革在内的经济体制改革和分权化改革改变了地方政府在经济体系中职责和手段。我国地方政府在经济中作为投资决策主体始于分权化改革。分权化改革赋予了地方政府作为独立主体，参与经济决策以及决策实施。改革开放之后，随着对社会主义市场经济体系认识和建设的不断深入，地方政府也伴随着经济体制的改革而转型。一方面，地方政府逐渐从地方经济发展中获得了经济成果收益权，地方政府真正成为经济活动中投资决策的主体；另一方面，地方政府不仅是中央政府政策执行者的角色，同时承担起对地方区域经济发展的投资管理职能。随着地方政府对区域经济的控制力度逐渐增强，地方政府同中央政府之间存在的"委托—代理"矛盾也显著影响了地方政府的投资行为。再加之地方政府官员的政治利益驱动，地方政府的"准企业"投资行为表现明显，并容易诱发投资规模大、投资的经济社会效益低下和社会资源浪费等问题。尽管从制度建设的角度来看，我国已经初步建立了能够适应我国经济发展的地方政府投资决策管理体系。但是，这并不能完全解决地方政府给经济发展带来的问题。从我国经济发展的实践经验来看，地方政府投资是我国改革开放后主要几次经济波动，尤其是经济过热的重要影响因素。比如在1992~1996年的经济过热中，以地方政府主导的投资促进效应表现明显。尽管随着民营经济等其他经济形式在我国经济中的作用逐渐增大，地方政府投资行为对于经济过热的影响因素已经逐渐减小，但其不当的投资行为仍然能够引起经济的局部过热，比如2002~2007年间表现出投资过热。这也充分表现出地方政府投资对经济发展并非只是单纯的正面效应。

从理论角度出发，地方政府投资与社会资本投资的异同可以从资金来源、投资目的、投资方式等多方面相比较。从资金来源来看，地方政府投资所使用的资金是社会公共资源，资金的使用应当受到社会的公共监督。这决定了政府的投资决策、监督行为要比一般企业投资或个人投资更加复杂。从投资目标来看，除了部分投资需要承担营利性的目的之外，大部分政府投资的目标都是解决经济中的公共物品缺乏的问题，这也不同于企业或个人。此外，由于政府投资行为往往是被认为很多投资于不可营利性项目，由此来弥补市场资源在一些领域的缺失。因此，对于地方政府投资的绩效评价不能简单地同企业投资或个人投资绩效评价一致，需要全面考虑经济效益与社会效益。从投资方式来看，对于公共物品部门和部分准公共物品部门，地方政府通过直接投资的方式满足社会对公共物品的需求和公共物品的投资刚性需求。对于私人物品部门，地方政府通过间接投资的方式，发挥其对社会资本投资的引导效应。最后，从政府投资体制建设与地方政府投资的实际操作来看，地方政府投资的决策机制、决策监督机制在不断地完善，地方政府投资项目管理模式也在不断地改进与发展。

第四章：地方政府投资与经济发展。本章首先对地方政府投资对经济增长的影响进行了实证研究与机理分析。在借鉴前人研究的基础上，分别选用地方政府财政支出和社会固定资产投资中国有经济投资分别作为地方政府投资的狭义表达和广义表达，运用1995～2009年全国31个省（区、市）的面板数据，对我国地方政府投资对经济增长的影响加以模型分析。考虑到我国经济对外依存度较高的实际情况，在研究中，我们以 C－D 函数为基础，在经济模型中加入了对外贸易因素。尽管狭义表达的地方政府投资对经济增长的作用缺乏统计上的显著性，但是却都证实了地方政府投资对经济增长的正效应，同时也证实了对外贸易对经济发展的正向促进作用。在地方经济增长中，对外贸易对经济增长的拉动效应非常显著，这也有助于解释我国东西部经济发展区域性差异较大的原因。东部沿海地区自改革开放以来，凭借着有利的地理条件，对外开放程度较高，对外贸易发展很快，这也是东部沿海地区经济发展的重要推动力之一。而中西部地区对外开放落后于东部地区，对外贸易发展比较缓慢，对经济拉动作用不大。这是东西部地区发展不均衡逐渐扩大的原因之一。狭义地方政府投资的增加有助于促进广义地方政府投资的形成，这种促进作用主要表现为对于投资环境的改善和示范拉动效应。从我国经济发展的实际情况来看，区域间投资环境的差异确实能够影响社会投资的决策。政府效率更高、基础设施越好、财税支持力度大的区域能够更加有效地吸引投资。地方政府投资可以通过改善投资环境来吸引投资，提高外贸发展程度，进而促进经济增长。

除了能够促进经济增长，地方政府投资在区域经济发展、产业调整、就业等方面也影响着经济发展。第一，在区域经济发展方面。1978 年后，中央政府根据不同历史时期的国情和经济发展需要实施了不同的区域战略政策，旨在促进地方经济发展积极性，带动经济社会的全面发展。随着改革开放的逐渐深化和区域经济政策的逐渐落实，东部、中部、西部地区在经济所有制结构、企业制度改革发展以及区域市场化方面的差异程度更加显著。同时在社会制度保障系统方面，各地区也呈现出了比较明显的差异。这些差距进一步影响了各区域间的经济社会发展不平衡。基础条件较好，地理优势明显的东部区域快速发展起来，并逐渐成为我国经济建设的龙头。而中西部地区由于受到地理区位、基础条件等方面的影响，经济发展缓慢，与东部地区的差距逐步拉大。在刚刚过去的"十一五"期间，我国经济发展虽然取得了不小的成绩，但是我国经济发展的不平衡问题依然十分严峻。中央政府是解决区域发展不平衡的关键，而地方政府在解决区域发展不平衡的问题上有着不可替代的作用。通过部分省级数据总结与比较，可以看出各个地方政府在投资行为上并无太大差异，各地地方政府都在积极争取中央政府的投资支持与政策倾斜；贯彻中央政府的政策和精神并根据本地实际情况进行投资决策，并进行比较有效的投资管理。但是，区域经济社会发展的差距造成地方政府投资阶段目标或者任务上的差距，比如不发达地区的扶贫任务比较艰巨；特殊时期一些地方政府有特殊的投资建设任务，比如灾后重建；财力水平和经济发展水平方面的差距造成了地区政府投资力度、规模上的差距，以及地方政府对中央政府依赖程度的不同。第二，在产业结构调整方面，中央政府对经济结构的调整有最高决策权，地方政府作为中央政府宏观政策的执行者，其投资行为对产业结构的调整也起着至关重要的作用。中央政府的产业发展规划和产业调整政策是地方政府审批决策相关投资项目的重要依据。通过部分省级数据进行比较分析，可以看出地方政府投资在促进产业结构调整的方式和行为特点。依据各个行业的特点不同，地方政府投资方向和所解决的问题也有所差异。比如，在农业投资方面，地方政府主要采取惠农补贴、现代农业投入、改善农村基础设施建设、发展农业保险金融等方式；在工业结构优化方面，地方政府主要在加强工业企业自主创新能力、推动工业企业节能减耗、支持高技术产业等方面进行投资与支持，并制定工业结构调整升级方面的政策与规划；在第三产业发展方面，地方政府根据各个行业的特点和属性进行多元化投资支持，全方位的发展包括科技、文化、金融在内的第三产业。第三，在促进就业方面。促进就业已经成为我国的长期战略与政策，在 2007 年以后，中央政府在促进就业方面发布了多项条例与通知，尤其是《中华人民共和国就业促进法》的发布，突出了促进就业在经济社会发展中的重要地位，并且明确了地方政府在扩大就业方面的责任与义务。地方政府也试图通过多种方式促进就业。在这些措施中，除了响应国家政策，制定促进就业的政策与办法，做好社会公共管理，满足社会求职需求之外，地方政府还采取了一些更为直接促进就业的投资方式。比如，建立创业基金、完善小额担保贷款体系，落实小额担保贷款贴息等方式，大力支持创业，以创业带动就业；减轻企业负担、扶持小微企业，采取税费减免、贷款贴息、社会保险补贴、岗位补贴等就业援助办法，以稳定劳动关系并扩大就业；通过职业技术培训，提高劳动者技能，增强其就业、创业能力；加大对重点人群的就业扶持力度；开拓公益性岗位范围、增加公益性岗位、增加公益岗位补贴；开展就业服务活动，培育健康、开放、公平的人力资源市场等。

第五章：合理规范地方政府投资行为的建议。第一，应当明确地方政府投资的职责与范围。在中央政府进行经济调控决策时，应当广泛征求地方政府的意见，提高宏观调控政策的科学性和适用性，同时可以提高宏观调控政策在地方政府层面的执行效率。在政策发布后，地方政府对政策的执行应当坚决。通过加强对地方政府调控政策落实的督导检查，达到政策调控的预期效果。在投资范围方面，地方政府投资应当在保证社会公共物品需求，避免投资"失位"的基础上，逐渐完善市场竞争体系，坚决制止地方政府投资"越位"的行为。并且通过根据项目特点，逐渐完善对中央政府和地方政府投资层级的划分，避免重复建设等问题。第二，完善地方政府投融资体系。政府投资决策责任制和责任追究机制作为投资约束机制的重要表现，是完善投融资体系的基础。通过投资决策责任制的完善，有利于保证政府投资决策的科学性、有效性，也有利于解决在政府和投资主体间可能出现的"委托—代理"矛盾所带来的问题。此外，可以适当考虑对政府投资资金的集中使用加以探讨，并改进配套投资决策程序；合理发挥地方政府融资平台的功能与作用，都有助于完善地方政府投融资体系并有效规范地方政府投资行为。第三，充分发挥地方政府在推动社会主义市场建设中的作用。目前，我国的资本形成机制具有明显的二元特征，即以市场为主导的资源配置机制和以政府为主导的资源配置机制情况并存，要求以政府为主导推动社会主义市场经济建设，并随着市场化进度逐渐调整行政力量对经济调控的影响。在此过程中，需要协调政府推动与市场增进相结合的方式。根据区域的实际发展情况，各地方政府要有侧重地运用投资方式，行使投资管理职能。第四，以科学发展观指导地方政府投资行为，建立有利于市场经济发展的制度基础、合理的财税体系以及有效的信息传导系统，合理发挥地方政府的投资管理职能。这也是地方政府在促进我国经济社会快速平稳发展，推动社会主义市场经济体系建设中的最根本需求。

本书创新点主要体现在以下三个方面。

第一，针对中央政府宏观调控经常出现的"一刀切"的现象，提出中央政府在制定宏观调控政策时应当让地方政府更深入地参与其中，提高国家宏观调控政策的科学性和适用性。地方政府既是中央政府调控政策的执行者，也是区域性经济发展的政策制定者。由于不同地区经济发展水平不一致，产业结构布局有所差异，经济发展的战略重点也各不相同；而且地方政府对于区域经济更具信息优势。通过让地方政府更多地参与中央政府宏观经济调控的政策制定，不仅有助于中央政府把握宏观调控的力度和节奏，提高决策的适用性；同时也可以加深中央政府同地方政府之间的沟通，有助于提高宏观调控政策在地方政府层面的执行效率。

第二，考虑到对外贸易在我国经济结构中的重要地位，将其加入到 C－D 函数和 Barron 产出模型中建立了新的研究模型。同时使用现有公开数据中最能直接体现地方政府投资，且同其有较强正相关的数据为研究样本。实证部分以 31 个省级地区从 1995～2009 年的面板数据为样本，进行了固定效应模型分析。实证研究证实了地方政府投资以及对外贸易对经济增长的正向影响。在此基础上，分析了地方政府投资促进经济增长的传导机理。

第三，根据中央政府制定的区域发展最新战略与政策，将我国区域经济发展的历史阶段进行了重新划分与梳理。改革开放至今，我国的区域发展经历了三个阶段："东部率先发展"阶段、促进落后地区发展阶段以及促进区域协调发展阶段。其中"东部率先发展"阶段包括"东部沿海地区优先发展"、开发开放浦东为龙头开放，发展沿江江边内地地区、"东部率先发展"新格局，开发开放天津滨海新区；促进落后地区发展阶段包括西部大开发、振兴东北地区等老工业基地、中部地区崛起；促进区域协调发展战略是"十一五"规划纲要的重要内容，是我国区域经济发展新篇章的指导思想，2007 年起，中央政府加快了对重点地区和热点地区的发展规划以及全国区域经济的整体布局。

郭冠楠

2017 年 10 月

目　录

第一章

导　　论

第一节　研究背景和目的

新古典经济增长理论认为，投资是推动经济发展的要素之一。从世界范围来看，尽管投资在不同国家对经济发展，尤其是经济增长，所表现出的效率有所不同。但是，增加投资是各国政府都在利用的推动经济发展的手段之一。20 世纪后半叶以来，亚洲国家和地区高投资所带来的经济高速增长及其这种增长方式的可持续性更是为广大经济学家所关注。比如，保罗·克鲁格曼认为：东亚经济增长表现为高投入增长驱动，这种资源驱动提前获得了未来报酬。长期来看，由于这种资源驱动没有形成有效的技术进步，因此东亚经济的高投入驱动增长可能会损害未来经济增长效率。[①] 由此可见，如何更好的投资，投资投向何处，以及由此引发的经济发展问题值得研究。

新中国成立后，投资在我国国民经济发展中发挥了明显的主导作用。时至今日，这种主导地位依然无法撼动。2010 年 10 月，公布的《中共中央关于制定国民经济和社会发展第十二个五年规划

[①]　［美］克鲁格曼：《亚洲奇迹的神话》，载《现代外国哲学社会科学文摘》，1995 年第 7 期。

的建议》，为我国未来五年经济发展指明了方向，这份文件是我国未来五年经济发展的纲领性指导文件。文件提出：要"构建扩大内需长效机制，促进经济增长向依靠消费、投资、出口协调拉动转变"。作为促进经济发展的重要手段，文件强调了消费和出口在今后拉动经济增长中的促进作用。尽管如此，文件依然肯定了投资在经济增长中的支柱性地位。由此可见，今后投资依然会在我国国民经济发展中发挥重要作用。

投资行为根据不同的标准可以有多种划分方式。根据投资主体不同，可以将投资行为划分为政府投资和社会投资。在我国，国有经济是国民经济的支柱力量，以国有经济为载体的政府投资在经济中的主导地位明显。新中国成立伊始，经济基础薄弱，社会生产力水平底下，生产要素有限，百废待举，百业待兴。为了实现经济、社会的跨越式发展，我国采用了以中央政府为主导的高度集中的计划经济体制。在计划经济体制下，国家可以有效聚集有限的社会资源，集中力量办大事，促进国民经济快速发展。进入改革开放时期后，经济体制逐渐由计划经济体制向社会主义市场经济体制转型。在经济体制改革过程中，也伴随着包括财政税收制度改革、政府部门组织结构变更等一系列政治体制改革。这一系列的经济体制改革和政治体制改革是渐进式实现的。通过渐进式的改革，国有经济的支配权和剩余索取权有很大一部分逐渐让渡给地方政府，中央政府对经济的直接管理逐渐减弱，而各级地方政府对国有经济资源的掌控力逐渐增强，已成为中国经济体系中重要的参与主体。可以说，地方政府在经济体系中的作用和职责的变化是同经济体制和政治体制改革紧密相关的。进入 20 世纪 80 年代后期，改革开放为中国民营经济发展提供了良好契机，民营经济发展迅速，在国民经济中所占比重逐渐增加，社会资本作为重要的投资资金来源开始在经济体系中发挥出强大力量。

经过改革开放近 40 年的发展，我国经济发展成果显著。在刚刚过去的"十一五"期间，我国经济继续保持高速增长，居民人均收入持续增加，人民生活水平逐渐提高。但是，我国经济发展中仍然存在不少问题，经济发展的不平衡情况依然存在，东西部区域发展不协调，城乡区域发展不均衡，社会收入分配差距较大，产业结构不合理，科技创新能力整体不强的情况依然不可忽视。此外，从中国所面临的国际形势和世界范围来看，我国经济对外依存度仍然很高，2008 年我国经济对外依存度已经超过 60%。在世界金融危机之后，世界经济发展的不确定性更加明显，全球股票市场整体表现低迷，发达国家失业率居高不下，巨型跨国企业破产，市场上流动性泛滥，主权国家债务危机频现等，这些外部影响因素都会对我国经济发展产生一定影响。在这样的大背景下，改善我国经济产业结构，加快我国经济发展方式的转型，促进我国区域经济平衡发展，提高整个国民经济抗风险能力都有赖于合理、高效的政府投资。

在经济体制、政治体制转轨过程中，各级地方政府在拥有了更多经济资源控制权的同时，也逐渐获得了更大的经济管理决策权。例如，土地转让，项目审批等。一系列的决策权从中央政府转向地方政府，也强化了地方政府对于地方国民经济发展、要素市场和市场参与主体的影响作用。同时，伴随着地方政府可控制的经济资源越多、决策权越大，地方政府在经济活动中不再只单纯作为管理者和调控执行者。一方面，地方政府是我国经济体系中的参与者，是经济活动中的投资主体；另一方面，地方政府是地方经济发展的管理者，地方经济发展的好与坏，很大程度上取决于地方政府的作用。同时，伴随着地方分权化的改革，地方政府也成为经济利益相关者。尤其是在改革开放以后，"放权让利"政策和随后的"财政包干，分灶吃饭"体制的施行，也让地方政府具有了自己相对独立的利益。1994 年，分税制改革使得地方政府税收与当地经济发展的情况紧密相连。只有当地的经济发展良好，才能增加税源，提高税收收入总量，因此，地方政府努力发展本地经济的积极性大大增加，比如，加大了地方政府投资的参与和管理力度。

为社会提供公共物品和准公共物品是政府的责任。我国地域广阔，区域性行政层级较多，仅仅依靠中央政府解决全国范围内公共物品和准公共物品缺乏的问题有些力不从心。尤其是区域公共物品的提供要求地方政府投入发挥更大的作用。同时，社会主义市场经济体制需要政府纠正市场中的偏差。在地方层级，地方政府作为中央政策的执行者和区域范围内经济管理者，必须承担着对区域内经济的纠偏作用。

此外，我国的国民经济发展中存在的问题也同我国的政治体制紧密联系。我国政治体制和官员任免制度是一种高度垂直集中的体系。这容易产生官员"对上负责"的行为。上级重视 GDP 的发展使得地方政府受到政绩的驱使而产生投资冲动，容易引发投资过热的现象。而且由于每一任地方政府官员任期有限，地方政府投资也容易产生短视行为，这很容易造成在投资上"缺位"和"越位"，人为扭曲了地方政府投资行为。投资效率低下，重复建设的现象也屡见不鲜。许多迫切需要地方政府投资的领域，缺少投资；许多不需要地方政府投资的领域，政府投资大量进入，对社会资本产生了挤出效应，而且破坏了市场规则。

从上述的分析可以看到，地方政府投资是我国经济发展中的重要因素，地方政府已成为我国经济发展战略在区域发展中的推动者和实践者。如何利用好地方政府投资，发挥好地方政府在经济发展中的作用，促进经济更好更快发展的同时，解决区域经济发展不平衡，优化产业结构，提高经济体系风险能力，需要进行深入系统地研究。但在国内的学术研究中，结合目前我国经济基本特点，对地方政府投资在国民经济发展中的系统性研究依然不足。弥补这个不足是本书写作的初衷。

第二节　地方政府投资和经济发展的概念

一、地方政府投资定义和本书选取的研究对象

(一) 狭义投资和广义投资

在现有对于地方政府投资的研究中，地方政府投资经常被划分为广义的地方政府投资和狭义的地方政府投资。狭义的地方政府投资往往被认为是地方政府财政支出中用于社会公益事业和基础设施建设的部分。也有学者认为，除了地方政府财政支出，地方政府预算外支出、政府控制的投资主体，如城建投资控股有限公司，所主导的投资也应当被视为地方政府投资。因此，狭义地方政府投资的常规解释应当是地方政府所主导的，在我国境内利用预算内收入、预算外收入，以及其他形式的政府性资金为投入而发生的固定资产投资行为。但是由于来源于预算外收入和其他形式可控资金数据获得难度非常大，在现有对地方政府研究中，这一部分很大程度上被排除在狭义地方政府投资之外。常选用地方政府财政支出中的投资部分，这一最小的范围来研究地方政府投资。

广义的地方政府投资行为是指地方政府主导的所有投资行为，这不仅包括地方政府从各个渠道筹集资金进行公益事业和基础设施建设的投资行为，也还包括地方政府为其他投资主体进行投资提供的各种便利条件[1]。除了上述狭义地方政府投资所包含的范围外，地方政府也会利用自身所拥有的经济资源、经济管理决策权和较强的社会影响力对社会投资行为施加影响。这种影响在广义的范围内也被认为是地方政府投资。广义地方政府投资尽管在数量上难以衡

---

[1]　张卫国：《转型期中国地方政府投资行为对经济增长与就业的影响》，复旦大学2005年，第4页。

量，但是这种影响因素确实对社会经济发展和经济行为产生了较强的引导和支撑作用。首先，地方政府会通过自身可控的直接资源来对经济活动施加影响。例如，在我国改革开放后，各级地方政府都在努力"招商引资"，促进经济社会发展。为了更多更好地吸引外部资本流入并建设项目，各地地方政府为外资提供了诸多便利条件，包括加快政府行政审批，保证土地足量供给、土地使用优惠、税收减免等。这些便利条件一方面是地方政府可控资源；另一方面很多优惠也是一种转移支付，降低了投资成本，从而间接促进了投资行为。其次，地方政府也能通过较强的社会影响力对经济活动施加影响。尤其是为了支持区域内优质企业的发展，各级地方政府还会利用社会影响力为企业提供多种支持。例如，积极协调辖区内劳动力资源、做好上下游相关企业协同配合工作，以及保证投资企业的生产经营需要的其他条件。这些企业在发展到一定程度，需要上市融资时，地方政府也会积极予以支持。更加直观的有，在很长一段时间内，地方政府可以利用对当地地方性商业银行的控制力和对全国性商业银行在当地分支银行的影响力，干预银行的信贷决策，为企业提供资金支持，而且这些支持定向且直接。

笔者认为：这种对于地方政府投资广义和狭义的划分方法只是从地方政府投资资金来源和投资方向的角度进行了简单划分。这种划分方式比较明确，但是要系统研究地方政府投资对经济发展的影响，这种划分方法显得有些局限。

（二）本书选取的研究对象

经济学理论认为，投资是经济增长的动力之一，投资行为是对生产过程中的要素投入。从这个角度出发，地方政府投资可以理解为各级地方政府在经济体系中的要素投入，这种投入既可以是货币的，也可以是劳动力、土地等生产要素。这种理解对于研究投资对经济发展的影响更加直观，但是缺乏一定的全面性。投资能够在经济体系中发挥作用和发挥作用的大小是通过一系列传导机制所实现的。经济组织形式、科技发展水平、投资的实施力度和后续的监督等因素都会影响投资对经济发展的促进效果，也就是常说的投资效率问题。

在本书的研究中，笔者认为：对于地方政府投资的理解应当从投资作为经济发展的动力和投资是经济活动中的一种行为两个角度分析。从投资行为的角度来看，首先应当突出投资全过程的特点，即将地方政府投资理解为是一种以直接或间接的方式从事投资预测、决策、实施和监督等环节在内的全过程经济行为，这种投资行为是由地方政府所主导的，能够反映出地方政府对区域经济体系的全面认识和投资绩效的价值取向。从投资是经济发展动力的角度来看，地方政府投资是区域经济发展的必要条件，这种投入既可以是能够由货币计量的要素，也包括不可用货币确切计量的要素，如政府行政审批效率的提高所投入的人力、物力等。从价值计量角度来看，为了使后续实证研究可行，笔者剔除不可用货币计量的投入要素，并且根据狭义地方政府投资和广义地方政府投资的特点，将代表变量的数据进行了替代。此外，地方政府投资同其他经济投入要素相比，受到制度变化的影响更大，尤其是地方政府本身就具有经济决策和监督职能，也受到中央政府政策法规和行政命令的约束和管制。因此，地方政府投资同政策改变密切相关，表现出较强的制度因素特点。在讨论地方政府在解决经济中不平衡问题的作用时，这个特点至关重要。

从研究的层级来看，目前我国除港、澳、台地区外有 31 个省（自治区、直辖市）、331 个市、2109 个县和 44741 个乡级单位，省—市—县—乡（镇）四级结构层级明显。地方政府投资可以是这四个级次内任意级次的政府所主导的投资。从本书的研究来看，一方面，市、县、乡级的政府控制的资源，投资规模有限；另一方面，市、县、乡级数据众多，部分数据在县，乡级的投资绝大多数被统计在省级数据之内。基于以上两点原因，我们选用省级政府投资作为本书地方政府投资的研究主体和数据来源。

二、经济发展定义及其在本书中的应用

在如今的经济社会中，经济发展不简单是只包含了单纯经济增长的内容，其含义随着人民物质生活水平的提高和对社会发展认识的深入而有所增加。一般来说，经济发展除了表现在经济增长，即数量的增长之外；还应当包括经济社会的全面改善和发展，即经济结构优化、区域均衡、经济效益的稳定、能源消耗降低、自然环境优化和生态系统平衡等多方面因素。

在本书的研究中，对于经济发展的研究也遵循这样的研究思路，分别在经济发展的数量方面和经济发展质量加以研究，即经济增长，产业结构的优化，经济发展对社会发展影响及就业影响等方面。从经济增长速度和经济发展质量来分别考察地方政府投资对经济发展的影响。

第三节　本书研究的方法和内容

本书研究主要是通过考量地方政府投资作为我国经济发展的重要因素这一基本国情下，梳理我国地方政府投资的历史沿革和现状，分析地方政府投资动机、地方政府投资资金来源渠道、政府投资方式、投资项目决策以及政府投资项目管理等方面内容，综合运用归纳、总结、对比、分析等方法全面分析地方政府投资的基本情况和存在问题。并以此为基础，利用省级区域数据对地方政府投资对经济增长的作用加以实证检验，研究地方政府投资同经济增长之间的关系。同时本书还从区域发展不平衡、经济转型中的产业结构和就业等方面，对地方政府投资对经济发展质量的影响加以分析。从以上角度系统解释地方政府投资对经济发展的影响，并对其机理进行分析，以及提出规范地方政府投资行为的政策建议。

本书综合运用宏观经济学、计量经济学、投资学和项目管理等学科知识，采用实证研究、机理分析等方法进行研究。在实证研究部分，以 31 个省级地区从 1995 ~ 2009 年的面板数据为样本，进行了固定效应模型的分析。本书的主要内容如下。

第一章，导论，对地方政府投资和经济发展的定义进行了阐述，指出研究的方法和研究思路。

第二章，通过对现有文献的综述，分析了现在该领域的研究情况和不足，为本研究提供了理论基础和现实依据。同时也指出本研究对本领域研究的贡献。

第三章，以历史沿革的角度为着眼点，分析了地方政府投资的发展演变历程。并对地方政府投资行为从投资全过程的角度，分析了现阶段地方政府投资行为中所存在的问题。

第四章，从经济增长、区域经济发展、产业结构调整和社会就业四个方面，讨论了地方政府投资对经济发展的影响。

第五章，在前面分析的基础上，提出了相应的政策建议。

第四节 本书研究的特点和创新之处

第一，本研究在总结前人研究成果的基础上对我国地方政府投资从经济发展动力和投资行为两个方面进行了较为系统的研究。新中国成立后，随着我国经济体制改革和政治体制改革的进行，地方政府对区域经济发展的作用和影响也随之改变。尤其是随着社会主义市场经济体制的逐渐完善，地方政府投资行为在经济发展中的作用愈发复杂，对经济发展的影响也更加深远。笔者认为，这种作用并不仅表现为传统经济学理论中的投资作为投入要素对经济发展的促进，而政府投资行为本身就影响着区域经济的发展。因此，将投资要素和投资行为作为本书两个相辅相成的视角有助于深入解析地方政府投资对经济发展的影响，而且基于此分析所做出的政策建议更加客观全面。

　　第二，在本研究中，笔者利用现有公开数据中最能直接体现地方政府投资，并且同其有较强正相关的数据为研究样本，对地方政府投资的作用做出了更为直观和详尽的数据解读。尽管这些数据并不能完全代表地方政府投资，但是通过这部分最有代表意义的数据所得到的分析结果也是衡量地方政府投资效率的有益参照，并由此所得出的结论和政策建议更加具有针对性和实践意义。

　　第三，针对国家宏观调控经常出现"一刀切"的现象，提出中央政府制定调控政策应该征求地方政府的意见，提出有针对性、多层次的调控政策。

　　第四，在 C－D 模型基础上考虑了外贸对我国经济增长的影响，通过实证研究证实了外贸对经济增长的正向作用，并分析了地方政府投资对外贸因素的影响。

　　第五，根据国家最新的区域战略与政策，将我国的区域经济发展历史阶段进行了重新划分与梳理。

　　第六，现有研究地方政府投资的文献本身就不多，在这些研究中也往往以个别省、市、地区为研究样本，研究对象单一，样本数量较少，难以从整体上对地方政府投资做出系统性分析。而且在这些研究中，对于地方政府投资的内涵意义、数据表示也不尽相同。尤其是近些年来研究成果不多，由研究引申出的政策建议时效性不强。本研究在这些方面也做了有益的补充。

第二章

文献综述

第一节 地方政府投资行为在经济学中的相关理论

一、政府职能的理论

地方政府投资是政府职能的一部分。政府的职能在经济体中应当是什么？政府是否应当在经济中发挥作用？政府同市场间的作用是怎样的？政府应当如何在市场中发挥作用？这一系列问题一直伴随着经济学的发展。而对于政府作用的研究一直贯穿在以研究经济增长为核心的宏观经济学之中。

在宏观经济学中，专门研究政府职能的文献较少，但是经济学家对于政府职能应该在经济活动中发挥什么样的作用却时常有争论和论述，比如，以财政政策和货币政策为主要措施手段的政府宏观调控就是经济学研究中的一个重要方面。这些对政府职能的讨论是宏观经济学不同理论发展、论述的基本假设。亚当·斯密于1776年发表的《国富论》广泛被视为现代经济学诞生的标志。在《国富论》中，亚当·斯密首先对政府职能做了论述，将政府的职能设定为"守夜人"，并作为其经济理论的基础，一是保护本国社会安全；二是保护人民不受压迫；三是建设公共事业和公共设施。①政府对经济活动少干预、少管理，充分发挥市场作用是其主体思想。在亚当·斯密之后，大卫·李嘉图、萨伊等都丰富了古典经济学理论。但是，古典经济学中的对于政府职能的讨论还是将其限制于"守夜人"的角色，主张自由放任，强调政府少干预经济活动。在古典经济学的基础上，瓦尔拉斯、庇古等发展了新古典经济学理论，并在 19 世纪末开始占据资产阶级经济学领域，但是对于政府职能的讨论，新古典经济学并没有做到比古典经济学更加深刻。

1929 年，资本主义世界爆发的经济危机彻底打破了古典经济学在经济社会中的权威性，凯恩斯主义的政府干预思想开始完善成熟。凯恩斯主义的主导思想是以有效需求理论为核心，建立以国家干预为中心的解决资本主义经济危机和社会失业的理论体系。凯恩斯认为：由于市场经济的自发调节无法改变有效需求不足的情况，因此，政府必须运用行政力量干预经济，其手段可以包括财政政策、货币政策和收入再分配等。从凯恩斯主义开始，政府对于经济的干预职能被列入经济学讨论范畴。

在 20 世纪 30 年代以后，国家干预经济的政策对经济产生了积极影响。但是国家对经济的过度干预也引起了资本主义世界 1974 年爆发的新一轮经济危机。在这次危机中，出现了衰退和通胀并存的"滞胀"现象。而凯恩斯主义并不能解释"滞胀"现象。由此，新自由主义思想开始发展起来。狭义的自由主义以哈耶克的极端自由主义为代表，认为"自由胜于一切"，政府干预是造成失业和通胀的原因，政府不应当以任何方式干预经济。这显然是将政府对经济的管理职能排除在外。

而广义的新自由主义并没有完全否定政府对经济的干预和管理

---

① ［英］亚当·斯密：《国民财富的性质和原因的研究》（下卷），郭大力，王亚楠译，商务印书馆 1972 年版，第 253～272 页。

作用。广义的新自由主义包括货币主义、供给学派等。以弗里德曼为代表的货币主义强调货币的作用。对于政府职能的认识，弗里德曼认为应当在亚当·斯密的政府是"守夜人"的三条职能上再加上一项义务，即保护那些被认为不能"负责的"的成员。同时货币主义也认为，政府的职能应当在致力于为市场经济正常运转提供良好的环境，包括法律体系健全，基础设施完善，社会保障稳定等方面。同样，对于政府职能的认识，供给学派也认为，政府应当减少干预，充分发挥市场经济的作用。在新自由主义经济理论政策影响下，西方主要发达国家尝试进行了一系列改革，政府逐渐放松了对经济的干预力度，调整了对经济的干预范围和干预方式。

由上可见，政府对经济的职能在经过古典理论—凯恩斯主义—新自由主义的演变后，逐渐确立了政府对经济具有调控管理的职能。这也是目前世界各国普遍所接受的观点。

除了对经济的调控和管理职能之外，随着经济学的不断发展，学者对于政府职能的认知也不断深入。公共经济学认为，由于市场存在失灵，因此政府部门需要在资源配置、调节分配和稳定经济方面承担职能。尤其是公共产品具有的不可分割性、消费的非竞争性和非排他性，导致了公共产品供给的稀缺。在市场供需不均衡的情况下，公共产品的供需关系只能依靠政府调节解决。这也是政府部门在经济体系中存在基础条件，是政府职能的经济学依据。因此，从经济学角度来看，政府职能应当包括两方面内容。首先，政府应当对经济具有调控和管理职能。其次，政府应当满足社会对于公共产品的需求。

从政府职能的本质来看，其应当是依法对国家和社会公共事务进行管理时所承担的职责和具有的功能，政府职能的载体应当是国家行政机关。政府职能反映着公共行政的基本内容和本质表现。从政府职能的属性来看，除公共性之外，法定性和强制性也是其重要方面。政府职能的法定性是其存在的社会政治基础，具体职能范围也由法律做出规定，强制性以法定性为根本。由于各个国家法律体系、法律制度有所区别，所以，各个国家的政府职能尽管从大范围看，都表现出对社会公共事务的管理，但是其具体管理方式却有所不同。

我国政府分为中央政府和地方政府两个层级，我国《宪法》第八十九条对中央政府层级的职能做出了规定，比如，"根据宪法和法律，规定行政措施，制定行政法规，发布决定和命令；统一领导全国地方各级国家行政机关的工作，规定中央和省、自治区、直辖市的国家行政机关的职权的具体划分；编制和执行国民经济和社会发展计划和国家预算；领导和管理经济工作和城乡建设"等。对于地方政府职能，《中华人民共和国地方各级人民代表大会和地方各级人民政府组织法》做出了比较详细的规定，并在第五十九条规定："执行国民经济和社会发展计划、预算，管理本行政区域内的经济、教育、科学、文化、卫生、体育事业、环境和资源保护、城乡建设事业和财政、民政、公安、民族事务、司法行政、监察、计划生育等行政工作"。由此可见，地方政府依法对辖区内的经济承担建设、管理责任。这也是研究我国地方政府投资，并且评价投资效率，提出投资建议的社会政治基础。

二、政府投资的经济学基础

政府投资的经济学基础以及对政府和市场作用的研究从经济学发展的历史可见端倪：亚当·斯密作为古典经济学的代表首次从市场经济运营机制的角度研究了经济问题，重点讨论了财富的来源和财富增加的方式。亚当·斯密之后，李嘉图继承并发展了亚当·斯密的理论，于1817年出版了《政治经济学及赋税原理》，在劳动价值论和分配理论方面对亚当·斯密的理论做了完善和丰富。至此，以亚当·斯密和李嘉图为代表的古典经济学形成。古典经济学认为：经济增长产生于资本积累和劳动分工的相互作用。资本积累有助于推动劳动分工，而劳动分工的提高能够产生更多的资本积累。经济系统中，政府无须干预市场，而是应当顺从市场对资源的配置促进经济发展。古典增长理论肯定了资本积累对经济发展的作用，开启了现代经济学研究视角。但是古典经济学中代表观点对于政府在经济中的干预作用主要持否定态度。

从 20 世纪初期开始，经济学家开始对政府干预经济的思想有了更多的论著。古典经济学的代表人物之一庇古于 1920 年创立了福利经济学，指出外部经济对社会资源最优配置有所干扰，论证了政府干预对社会福利增长的重要性。他认为：国家应当干预生产外部性以防止边际私人净产值与边际社会经产值相背离的现象出现。这也成为古典经济学的不主张政府干预经济向凯恩斯主义过渡的桥梁。凯恩斯在 20 世纪 20 年代中期，发表了《失业需要猛剂吗》《美国政府和失业》和《对付失业的一帖猛剂：对批评意见的答复》3 篇文章，提出通过政府实施大规模公共工程来拯救经济萧条和社会失业的观点。这也真正成为政府干预思想显现的起点，经济学观点从对政府干预经济的否定作用转向经济发展中需要政府干预。此后，经济学家对于政府干预经济活动的认识愈发深刻。

1936 年，凯恩斯发表《就业、利息和货币通论》，提出有效需求理论体系和通过国家干预经济以减少失业的经济措施，史称"凯恩斯革命"。凯恩斯理论的提出是以 1920 后英国长达 10 年的慢性萧条和 1923～1933 年资本主义经济危机，古典经济理论倡导自由竞争的市场机制无法解决社会经济问题为背景的。在"凯恩斯革命"之后，世界范围内社会经济的主流制度安排将"看不见的手"的市场机制和"看得见的手"的国家对经济干预作用相互结合在一起，形成了政府和市场联合发挥作用的"混合经济"。

1959 年，马斯格雷夫出版了《财政学原理：公共经济研究》，首次提出了公共经济的概念，并认为公共经济不是简单的政府财政问题，而是涉及资源利用、收入分配、充分就业、价格水平稳定和经济增长在内的综合问题。政府在经济中的作用也从财政问题向资源分配、就业政策等多方面扩展。随后，菲尔德斯坦、斯蒂格利茨、阿特金森都丰富了公共经济学。公共经济学认为：市场体制有很大的局限性，市场体制对资源的配置可能会偏离帕累托最优原则，即存在市场失灵。市场失灵在提供公共物品、外部性很强的物品和信息不对称特征明显的物品时表现明显。首先，公共物品具有效用不可分割性、消费非竞争性和非排他性的特点。公共物品效用为全体社会成员所享有。既不可能将公共物品分割，分别归属于个体，也不能将个体排除在公共物品消费之外，完全竞争状态下的帕累托最优状态无法实现。因此，私人企业不会提供公共物品，准公共物品的供给往往也是通过政府和市场方式相结合的方式提供。其次，从外部性来看，个体的经济行为会影响到其他个体，却没有获得相应的报酬或没有承担相应的成本。私人经济部门可以通过扩大企业规模，将外部成本或收益内部化的一体化方式来纠正外部效应带来的损失；也可以明确产权，通过拥有产权双方的谈判来实现资源最优配置。但是私人经济部门对外部效应的纠正是有限的，政府必须介入对于外部效应的纠正。可是，事实情况是政府需要介入对外部效应的纠正，但是"政府失灵"的情况也是存在的，政府纠正的有效性就值得关注。这主要是因为：一是政府的发展意愿同市场中的个体发展要求并不是完全一致；二是政府的发展是低效率的，而且在决策和执行上存在时滞。这就意味着政府的经济行为应当是有限的，"混合经济"中的市场和政府应当有合理的结构比例。然而，对于"混合经济"中政府效应的研究却一直比较困难，经济自由主义和政府干预主义共存，难以达成一致。

尽管公共经济学没有给出确定的"混合经济"中经济自由主义和政府干预主义的最优规模，但是却通过研究"市场失灵"问题提出了政府干预主义的必要性，这也成为地方政府投资的基本经济学基础。首先是地方性公共物品的提供要求地方政府的存在和干预。地方性公共物品是指在公共物品的特征中非竞争性、非排他性中有受到地域限制的因素。蒂布特模型（Tiebout，1956）提供了一个地方性公共物品供给和需求的基本框架。蒂布特认为：存在多个地方政府辖区，如果地方政府提供的公共产品不存在外部经济或外部不经济，同时具有消费者和投票者双重身份的人能够按照消费偏好充分流动，地方政府所提供的公共物品存在可以达到均衡且最优。蒂布特模型是以消费者和投票者是完全流动的、不存在信息不对称，社区根据其最优规模确定是否吸收新居民以及不考虑就业机会限制等条件为假设的。尽管蒂布特模型假设条件非常严格，地方区域间差异因素考虑较少。但是作为解释公共投资和公共物品供给的模型，蒂布特为后续公共经济学讨论地方政府层级的投资和公共物品供给提供了很好的思路。尤其是蒂布特模型在解释分权化、有分区引发的区域溢出效应、地方政府职能等方面有着积极的借鉴意义。

20 世纪 50 年代后，地方政府投资行为的研究更加注重实证研究和制度政策分析。研究验证了政府投资对提高规模经济和生产力有正向作用，但是政府的投资决策可以显著影响投资的效果。因此，对于政府投资的研究非但只是投资效率和投资投向的问题，也是政府投资政策和投资体系的改进问题（Andrew F. Haughwout, 2000）。

第二节　我国地方政府投资对经济发展影响的理论综述

在我国改革开放以前的绝大多数时间内，中央高度集权的计划经济体制没有留给地方政府作为经济主体进行投资决策的空间，地方政府只是中央政策的执行者。地方政府真正在经济活动中承担起投资决策者的角色应当始于经济改革。也有许多学者认为，中国经济的改革发展并非始于民营经济发展，而是始于分权化改革。分权化改革实现了中央政府对经济控制权的下放，地方政府的职能不再仅限于中央政府政策执行者，仅作为中央政府与市场的沟通桥梁。

分权化真正促进了地方政府作为经济主体参与到经济活动中。从制度上来讲，这种分权化形成了"具有中国特色的市场维护联邦制"（Market – Preserving Federalism, Chinese Style），是中国市场经济取得成功的制度基础（Yingyi Qian, Weingast, 1996）。分权的政治结构有助于市场发育，同时分权化带来的地方政府相互竞争和政府间的相互约束（Yingyi Qian, Weingast, 1997），这种约束机制的形成也有助于促进经济资源的合理配置和资源使用效率的提高。由此，分权化改革一方面在促进了地方政府作为经济主体参与经济活动中的同时；另一方面也通过对资源配置和资源使用效率影响了经济发展和经济结构的转变。

分权化改革中财政分权是其中的重要内容，且数据表现比较直观。从地方政府的角度来看，财政分权最为直接可控，可以货币计量。因此，许多学者通过研究财政分权来观察分权化改革对经济的影响。林毅夫、刘志强（2000）利用省级数据研究论证了中国自20世纪80年代中期开始的财政分权改革对人均GDP的影响。研究认为：财政分权能够提高经济效益，促进经济增长。同时，经济改革政策的实施，如家庭联产责任承包制改革和非国有企业民营化也显著推动了中国经济增长。从区域角度来看，区域发展不均衡所带来的财政资源优劣不同也会影响到财政分权改革对经济增长的作用。张晏和龚六堂（2004）以我国1978～2002年数据为样本，研究了财政分权与经济增长的关系。研究支持了财政分权对经济增长的促进作用，同时认为：我国的财政分权效应存在显著的跨时差异和地区差异，经济发展程度较高的东部地区财政分权对经济增长的积极作用要大于经济发展程度较低的西部地区，我国东部各省更具财政分权优势。

分权化改革所引起的对经济增长促进作用也表现在对于民营化改革的推动和地方政府政治利益的驱动。洪银兴（1997）认为，在转型期的中国，地方政府的行为具有准企业性质。地方政府通过在一定范围内承担缺失的本应由市场机制发挥作用的行为，帮助企业与区域外企业竞争和维护本地企业利润最大化三个方面表现出市场性特点，对推动市场化进程产生积极影响。张维迎、栗树和（1998）认为，分权化导致了区域间竞争，而地区间竞争有利于促进民营化。产品市场的区域间竞争越激烈，民营化程度越高。此外，分权化改革促进了地方政府参与经济活动，享有经济成果的积极性，有助于市场经济的发展。改革开放后，我国经济的民营化和市场化有力促进了经济发展。分权化的影响还表现为对中国基础设施建设的促进，张军、高远等（2007）的研究认为，分权和地方政府激励促进了基础设施水平的提高，支撑了生产性投资和经济增长。政府治理水平的提高有利于改善地方政府基础设施投资激励。

地方政府投资行为对经济发展的影响还表现在多个方面。首先，中国自1978年改革开放以后，分权化所形成的地方区域利益主体对经济发展意愿愈发强烈。改革开放后我国的经济波动也证实了地方政府的投资冲动和经济扩张冲动是影响我国经济稳定的主要因素。分权化所带来的地方区域利益主体的形成强化了区域间竞争，对于深化市场机制在经济中调节作用起到了积极推动作用，促进了计划经济向市场经济的转型，对经济增长有着积极推动作用。张卫国、任燕燕（2010）对中国29个省、区、市1987～2007年的省级面板数据做了实证分析，研究表明："地方政府投资对经济增长有着显著的影响。伴随着地方政府投资支出占GDP比重不断扩大，地方政府作为相对独立利益主体的地位不断强化。1994年以来的分税制改革及1998年以来的积极财政政策措施均有效激励了地方政府积极地参与经济活动，努力扩大和提高本地投资水平以促进经济增长。"[①]

然而，也有学者认为，分权化改革对经济发展的影响也不是简单的正效应。分权化改革将经济的剩余分享权和控制权分配给地

---

① 张卫国、任燕燕、侯永健：《地方政府投资行为对经济长期增长的影响——来自中国经济转型的证据》，载《中国工业经济》，2010年第8期，第33页。

方，引起了中央和地方政府间的委托—代理关系，进而产生了地方政府投资和经济扩张冲动、投资过热、重复投资、经济产业结构不合理等问题。何晓星（2005）认为，地方政府在财政分权的激励下，由于地方资源公共选择制度约束失效，地方官员满足个人控制权的成本大大降低。这成为中国地方政府主导型市场经济和经济投资冲动产生的根源。我国幅员辽阔，区域间资源禀赋差异明显，再加之区域间历史发展程度各异，因此，区域发展不平衡的问题始终存在。严冀、陆铭、陈钊（2005）利用中国省级面板数据研究得出结论：对外开放并没有对西部经济发展起到决定性影响，经济政策在对西部地区的解释力远远低于东部和中部地区。这也就是说分权化可能加剧了地区间发展不平衡，富裕的东部从分权化改革中得到了更大的收益。

除上述分权化所引出的地方政府投资和对经济增长的影响和引起投资扩张冲动和区域发展不均衡之外，由于各级政府的自我约束机制尚未健全，地方政府投资的短视性显著，地方政府更愿意投资于短期见效的当前热销产品的生产。短视性的投资决策产生了"政府失灵"问题，容易引起产业重复建设（张汉亚，2003）。张卫国（2005）认为，地方政府主导的投资同时缺乏预算和资源的严格约束，地方政府主导的投资中重复投资、地方保护现象严重。政府投资效率不高，并且阻碍了资源的最优配置。地方政府投资对民间投资的拉动作用并不明显，投资的乘数效应较小。同时，由于地方政府投资以资源密集型为主也降低了就业弹性，对中国经济的长期发展具有负面影响。

分权化改革和经济体制改革增强了经济活力，也增加了区域间行业重复建设的情况并导致了产业结构不均衡。同时，区域间行业重复建设也加剧了区域间竞争，从而导致地方保护主义盛行，引起了国内市场分割以及区域间比较优势难以发挥（Alwyn Young，2000）。另外，考虑地方政府行政性垄断的影响因素，张卫国、任燕燕（2010）认为，市场分割对于经济增长存在倒"U"型影响，短期内，行政垄断壁垒的存在有效限制了竞争，促进区域经济增长，保护了本地就业水平。但是在长期范围内，不利于国内整体资源整合，会损害全国市场的整体规模经济效应。

分权化改革和经济体制改革也引起了地方政府间的竞争，地方政府间相互竞争争取中央政府政策支持以及地方保护主义也对市场机制的基础调节作用产生了负面影响，地方政府倾向于只注意经济效益而忽视社会效益也使其投资决策偏离了帕累托最优（"中国地方政府竞争"课题组，2002）。刘培林（2005）对2000年中国31个省份的21个行业进行了经济绩效分析，证实了地方保护主义和市场分割导致的地区产出配置结构扭曲和生产要素省际之间配置的结构扭曲，以及由此带来的效率损失，并判断这两者影响当年行业产出高达5%。市场分割和地方保护是伴随我国经济改革所必经的阶段。沈坤荣、付文林（2006）研究认为，中国省级间存在税收差异化竞争，同时地方政府对公共产品的偏好较低。通过公共服务的均等化和转移支付的法制化，改善地区间竞争关系有利于促进经济发展。陈敏、桂琦寒等（2007）研究认为，在经济开放水平较低时，经济开放会加剧国内市场的分割。同时基于模型，他们预测，一些省份在未来仍然会面临市场分割加剧的可能性。陈建宝、戴平生（2008）研究认为，地方政府财政支出导致的资源分配可能引起相邻区域的无序竞争，相邻省份的人均财政支出对该省的人均GDP有消极影响。陆铭、陈钊（2009）则认为地方政府确实从地方保护、市场分割等行政性垄断中获得了有益的经济租金。尽管也有学者对中国市场分割程度有不同的认识，巴瑞·诺顿（Barry Naughton）（1999）通过对中国1992年的省级数据研究和对比分析发现：中国各省份间巨大的贸易额支持了中国市场分割并不像广泛认为的那样严重，但是地方政府的保护行为依然存在。

随着分权化改革和经济体系改革的逐渐深入，地方政府和国有企业之间的关系也更加复杂。一方面，分税制和地方政府相对独立利益的存在，使得纳税企业对于地方政府有重要的收入来源地位，因此地方政府倾向于保护国有企业的利益；另一方面，国有企业作为经济体系中的独立行为主体，也需要同地方政府保持紧密联系，从而获得各类支持以满足自身生产经营需求，甚至是企业领导层的政治需求。因此，地方政府和企业实际上是一种松散型地方利益集团（欧阳昌鹏，2006）。白重恩、杜颖娟等（2004）通过对我国29个地区32个产业1985～1997年的实证研究发现：地方政府有动机保护较高利润率行业和国有成分比较高的行业，而且地方保护主义对区域专业化水平有决定性作用。此外，地方政府和企业实际上利益集团的存在会导致地方企业内部成本外部化，地方企业投资行为非理性化（李军杰、周卫峰，2005）。同时，刘大志、蔡玉胜（2005）研究认为，我国资本形成的制度空缺使得国有部门投资对经济周期产生很大影响，资本形成具有行政性特点，并由此带来经济增长的低效率。

地方政府投资是我国地方债务产生的原因之一，大规模的地方债务会威胁到中国的经济安全和社会稳定（国务院发展研究中心《关于中国的地方债务问题及其对策思考》）。我国的《预算法》规定，"除法律和国务院另有规定外，地方政府不得发行地方政府债券"。《担保法》也规定"国家机关不得为保证人，但经国务院批准为使用外国政府或者国际经济组织贷款进行转贷的除外"。但是地方政府通过担保、地方性融资平台等方式，确实承担了债务问题。而且我国地方政府债务负担已达到一定程度，债务规模巨大，个别地方政府处于无力弥补赤字的尴尬境地（姜维壮、王倩，2009）。地方政府的融资需求来源于地方政府的本级预算缺口和地方政府支出的特定公共工程项目（周业安，2009）。地方政府投资无疑是引起地方债务的原因之一。许多学者，如（魏加宁，2004）认为，开通地方政府发债渠道，规范地方政府融资偿债制度以解决地方政府过度负债有助于降低我国经济运行风险。

除了从投资冲动、市场分割、地方保护主义等角度来研究地方政府投资对经济发展的影响之外，许多学者还研究了地方政府投资和社会资本投资之间的相互关系。政府支出的增加能够对私人投资产生挤出效应，与此同时，政府支出增加能够促进社会消费和投资，提高经济产出总量，产生挤入效应。哈比·艾哈迈德（Habib Ahmed），斯蒂芬·米勒（Stephen M. Miller）（1999）研究认为，政府财政支出对投资具有挤出效应，但是用于交通和通信行业的政府支出在发展中国家对私人投资有挤入效应。刘溶沧、马拴友（2001）通过实证研究认为，改革开放以来，公共投资非但没有挤出私人部门投资，而且通过提高私人投资的收益率产生了挤入效应。用于公共投资的财政赤字和国债促进了经济增长，为实行一定程度扩张的财政政策提供了依据。杨晓华（2006）通过协整检验和脉冲响应分析验证了我国公共投资对产出的正效应，但是却验证了公共投资对私人投资在长期内的存在很弱的挤出效应。王立国、丛颖（2009）也通过选取 1978~2004 年的数据证实了我国现阶段地方政府投资对于私人投资有挤入效应，其效应源于地方政府投资的正外部性和示范效应。

第三节　对现有文献的总结

从上述文献总结可以看出，首先，我国现有对地方政府投资的理解同西方发达国家对地方政府投资有所区别，这种区别主要是来源于不同国家的政府组织结构的不同，尤其是与西方发达国家的"联邦财政制"差别较大。因此，我国地方政府投资的研究具有一定的特性。其次，在现有文献中，对于经济发展的研究以经济增长研究为主，且数量、视角有限。对于地方政府的投资行为研究比较少，但是角度却众多，不少研究是将其作为财政政策、制度转型、经济效率等中的一个方面。

多数对地方政府对经济增长研究的起点都始于分权化的实施和分权化所带来的影响。大多数学者支持了分权化对经济增长有正效应。少数学者认为其对经济增长存在负效应。但是支持分权化对经济增长具有正效应的学者也在一定程度上分析了分权化可能对经济发展产生的不利影响。笔者认为，地方政府投资并不是单纯等同于分权化，分权化改革是我国经济改革的基础，为我国地方政府作为经济主体参与经济活动提供的必要条件。但是分权化往往更加注重分权化所带来的政府本级财政收支方面的影响，而地方政府投资的定义显然应当宽于财政支出。而且，地方政府投资应当是一个包含投资分析、投资决策、投资监督和投资评价全过程的经济行为，而分权化更是侧重于对于经济制度变革所产生影响的研究。因此，两者的研究对象也有所不同。

此外，一些学者从区域竞争、政府绩效考评结构等方面分析了地方政府投资对经济发展的影响，结论既有对区域竞争的肯定，也有与之对应的得出否定结论的研究。这主要是因研究数据的选取和研究方法的不同所引起的。在我国经济改革的过程中，统计数据并不是非常完整，经济活动中的某些数据变量很难获得，尤其是在地方政府范围，地方政府层级越低，数据的获得性更加困难。一些数据在研究中被不得已取消或者是替换，这样，不同学者得出的结论不同就不足为奇了。

同时，一些学者也研究了地方政府债务、地方政府融资行为对经济增长的影响，地方政府投资对社会资本的挤入和挤出效应等。但是，这些研究相对较少，而且比较分散。一些研究结论的得出往往是其他问题研究的副产品。总体而言，目前，我国对于地方政府投资研究角度分散，直接研究多局限于经济增长方面，对于经济发展的研究有所不足。而且，现有研究往往忽略了政府投资行为应当是包含了融资行为，投资决策和利益分配在内的完整流程，仅把研究重点放到了投资的投入和产出的研究上。

第三章

我国地方政府投资现状的分析

第一节　我国政府投资体制的历史沿革

一、从建国初期到改革开放之前的投资体制

在新中国成立之时，我国生产力水平低下，工业化基础十分薄弱。如何建设社会主义，如何发展社会主义经济，我们没有经验。而在此时，苏联已经有了30多年建设社会主义国家的经验，生产力水平和工业化程度发达，是社会主义阵营中的绝对核心国家，我国的政治体制也使我们毫无争议地选择了苏联经验作为建设社会主义国家的参考。而事实上，苏联经验也是在当时历史条件下唯一可借鉴的经验，再加之苏联和东欧社会主义国家对我国援助的156项工程建设逐步实施，选择苏联经验成为历史的必然选择。苏联经济体制的核心是实施计划经济体制，其典型特征是必须有中央政府强有力的统一领导，必须有全国的统一计划和统一纪律。这种统一领导和计划在资源分配和投资实施主体两个方面决定了中央政府在投资体制中的绝对权威地位。具体来看，中央政府主管全国经济建设，所有国有单位的投资计划都要纳入国家计划统一管理。中央政府主导投资规划和投资决策成为了这一时期的主旋律，尽管在这个

过程中，也出现过中央政府将部分投资决策权限下放给地方政府以促进地方经济发展积极性和主动性的情况，比如，在1967年，中央政府决定将企业折旧资金的50%留存给企业作为企业改造资金，并由地方政府实施管理。但总体来说，中央政府对整个经济发展的控制力和投资计划性很强，地方政府所掌握的资源和权力都相对较少。

1953年，我国第一个五年计划开始实施，为了更好地建设社会主义，强化计划经济体制，中央政府收紧了对经济的控制权。例如，采取撤销大区一级行政机构、国务院增加职能部门，并由各部门对各自所管辖事务实行垂直领导等一系列措施。这些措施将国民经济运行中的产、供、销和人、财、物统一集中在中央政府层级。地方政府成为中央政府政策的执行者，是中央政府同地方经济主体沟通的桥梁。而此时的地方企业大多是国有企业，管辖权属中央政府，委托地方政府管理。地方企业更多只是在地理区划上做出的划分，本质上仍然属于中央。在这种管理层级下，企业也失去了在经济体系中独立做出生产运营和投资决策的权利。

从政府投资资金的来源来看，这个历史时期内，投资资金来源非常单一。财政性资金是投资资金来源的主体，而且投资建设资金基本上由中央政府按照拟订计划拨付地方政府和企业使用，地方政府配套少量的自有资金，而金融机构只负责为企业提供流动资金贷款，而且决定信贷投放的自主权比较小。银行对于信贷的计划和管理以"综合信贷计划"为主，国有银行内部实行"统收统支"制度，贷款指标逐级下达。从根本上讲，银行的信贷投放实际上是配合政府生产计划而实施计划管理的一部分。在整个国民经济中，中央政府实际拥有大部分国民收入，包括税收、企业利润和折旧基金。社会生产过程中的主要经济成果均全部上缴政府，各项生产和投资活动缺乏社会资本的支持。而事实上，当时低下的社会生产力和人民生活水平以及不健全的经济产业结构也决定了资金来源渠道的单一。从经济微观运行和监管层面来看，指令性计划方式和行政命令使得经济运行缺乏自主权，作为经济增长投入要素的资本和劳动力流动性不强，所有资源的配置都以中央政府行政命令为依据。在监管层面也少有对于投资风险评价和防范机制，这也就不可避免地造成了投资决策的科学性不高、投资行为的经济性欠佳，甚至还有一些项目出于满足国家政治目的，而忽视了投资项目本身的经济性，产生了大量无效的项目，造成了投资资金的浪费。

在计划经济体制的施行过程中，随着时间的推移，中央政府也逐渐认识到了中央集权所带来的问题。尤其是苏共二十大后，苏联在社会主义经济建设中长期积累下来的许多矛盾充分暴露。中央政府意识到照搬苏联模式发展社会主义计划经济是不够完善的，社会主义建设还需要地方政府发挥更大的作用。1956 年，中央政府提出"应当在巩固中央统一领导的前提下，扩大一点地方的权力，给地方更多的独立性，让地方办更多的事情。"这也可以视为我国分权化改革的起点。从此，地方政府开始逐渐参与到经济活动中。中央政府向地方政府的分权先是从扩大企业管理权、地方财政权、地方计划管理权及物资统配权方面着手。地方政府开始逐渐获得了资源配置权，为之后地方政府投资实施的可行性埋下了伏笔。除了对于投资体制的调整做出积极尝试之外，中央政府也尝试开拓新的资金来源，例如，在 20 世纪 50 年代初期，国家开始发行一些国债，同时也开始接受苏联等社会主义国家的援建资金。

1958 年"大跃进"时期曾提出发挥中央和地方两个积极性，曾给予地方政府一定的投资决策权，但在 1962 年以后又收回了。直至 1978 年，伴随着"大跃进"运动和"文化大革命"，向地方政府分权和向中央政府集权的两种趋势就一直在反复出现，此消彼长。然而，随着"文化大革命"运动把国民经济推向崩溃的边缘，计划经济体制走到了尽头。中央政府也意识到，计划经济的体制已不适应当时的生产力发展水平，要想发展好社会主义经济，必须对计划经济体制进行改革。于是在 1978 年，改革开放正式拉开了我国经济体制改革的序幕，市场经济体制开始融入经济活动。

二、改革开放后的投资体制

改革开放后，我国投资体制伴随着经济体制改革而变化。从1979～2004年，国家有关部门陆续颁布40多项关于投资体制改革的措施，通过重点改革投资体制，推进经济体制改革。根据经济改革中各个时期的不同特点，可以把市场经济体制及其所影响的投资体制划分为四个发展阶段。

（一）1978～1983年，对计划经济进行改革试点

1978年，中国共产党十一届三中全会提出："应该坚决实行按经济规律办事，重视价值规律的作用，对经济管理体制和经营管理方法着手认真的改革。"

在经济体制的转型初期，"经济发展自主权与国家计划矛盾"的问题就曾被提出。尽管经过新中国成立后近30年的发展，我国社会生产力有了很大提高，生产要素资源得到了初步积累。但是生产力水平依然不高，要素资源依然不充裕的情况仍然客观存在。一方面，经济参与主体自主权的提高可以为经济发展提供更大的活力；另一方面，集中优势资源，解决重要问题的需求依然存在。短期内，如何处理好经济主体需要自主权和执行好国家计划的问题被广泛关注。对经济体制进行改革很快被确认为更好促进我国经济社会发展的唯一途径。而经济体制的改革也为后续发展社会主义市场经济，促进深化分权化改革，促使地方政府投资在经济活动中发挥更积极的作用提供了先决条件。经济体制改革所触发的矛盾也反映出，地方政府投资的推进必然不是一个一帆风顺的过程，地方政府投资自主决策可能带来的同国家总体经济计划不符、产业结构不合理的情况也必须被考虑。1979年，国务院批准了《关于基本建设拨款改贷款的报告》，并开始实行基本建设合同制，引进国外直接投资，进行基本建设拨款改贷款的试点。自此，政府财政按照计划

拨付投资资金的局面被打破，资金来源多元化迈出了第一步，经济改革从投资资金筹措、投资管理体制方面开始实施。

1980年"财政包干制"开始实施，地方的年度预算收支指标经中央核定后，由地方包干负责完成，超支不补，结余留用，地方自求平衡。财政包干制度的实施也是真正将财政的主动权给予了地方政府，将分权行为制度化，充分调动了地方政府的责任心和积极性，在制度执行初期对资源的优化配置起到了促进作用。但是，这种制度本身存在信息不对称的委托—代理关系，中央政府的财政收入不容易得到保证。而地方政府盲目投资，忽略全局，缺乏风险控制的情况屡有发生。

同时，为了提高投资建设的管理能力和管理效率和提高地方政府在经济建设中的积极性，从1983年开始，基本建设项目的投资实行分级审批和管理，大中型的项目投资由中央政府层级审批，而1000万元以下的小型投资项目由地方政府审批。此举真正使得地方政府开始获得投资决策权，结合地方政府从财政包干制中获得的一定经济控制权，地方政府投资建设的积极性得到了有效发挥。除此之外，为了促进社会资本更好地发挥作用，中央政府也积极尝试将部分经营自主权和经济利润留给企业，拓展项目建设和企业发展资金来源，改进投资决策和投资监管等以提高企业发展积极性。1980年，经济特区建设开始，市场经济区域试点开始实施；同年，全国基本建设会议提出：扩大施工企业经营自主权，实现利润留成制度。1982年，工程建设项目开始试行招投标制度；吸引外资，合资建设项目开始试行。1983年，工程建设项目开始试行可行性研究报告审批制度。

这一系列举措的试行和实施是经济体制改革和投资改革开始在投资决策体制、投资管理权限、经济资源分配体制、资金来源等多方面全方位的尝试，真正促进了地方政府经济发展的积极性。地方政府在国民经济中开始承担更加重要的作用，为之后我国经济健康快速发展奠定了基础。但是社会资本投入不足，地方政府的投资效率差，对社会资本拉动效应不明显等问题十分突出，全社会资源的配置依然缺乏效率。

（二）1984～1991 年，市场经济在经济发展中的作用逐渐深化

在此期间，我国对于市场经济的认识逐渐加深。1984 年 10 月，中国共产党十二届三中全会通过了《中共中央关于经济体制改革的决定》，提出："就总体说，我国实行的是计划经济，即有计划的商品经济。"为了进一步促进经济活力，提高地方政府的积极性，同年，国家扩大了地方政府的投资审批权限，3000 万元以下的项目投资均由地方政府审批。在此期间，金融市场也开始发展，1984 年，中国人民银行确立为中央银行，不再承担商业银行职能。之后，企业债券开始在大型国有企业集团试点，直接融资渠道被打通。

在投资体制和投资管理改革方面：1984 年，国务院颁布《关于改革建筑业和基本建设管理体制的若干问题的暂行规定》，并批转《关于改进计划体制的若干暂行规定》，决定将原有预算内基本建设拨款全部改为贷款；将原有基本建设审批程序简化；全面推行施工"工程招标承包制"等多项举措。

随着改革的逐渐深入，对于市场经济的认识逐渐深刻。1987 年，中共十三大指出："社会主义有计划商品经济的体制，应该是计划与市场内在统一的体制。"至此，政府调节和市场调节"两只手"相互结合对经济调控的方式初步建立。这也初步明确了地方政府如何在经济体系中发挥作用，应当发挥什么样的作用。同年，国家进一步将地方政府对重点投资项目的审批权扩大到 5000 万元。地方政府在区域经济发展中投资决策权限的扩大，也带来了地方政府在区域经济发展中管理责任的增加。同时，地方政府更加积极促进区域内经济发展，在整个经济活动中更加活跃。

1988 年，国务院同意通过《关于投资管理体制的近期改革方

案》，方案重点加大了地方政府的重点建设责任。同时，方案还决定成立政府投资公司，改进投资计划管理；并在约束投资主体行为和发挥市场竞争机制等方面提出了意见。

除了促进地方政府提高经济发展积极性之外，这个时期最重要的特点之一便是市场经济在经济发展中的作用不断深化。尤其是在投资体制改革、资金来源渠道、政府投资范围和企业经营方式等方面的改革不断深化。在此期间，股份制企业形式开始试点，为今后大批国有企业向现代化企业管理制度转变奠定了基础。1991 年，为了调控投资结构，国家开征"固定资产投资调节税"。这些都是市场机制在经济体系中的调节作用不断深化的积极信号。

在这个时期，经济改革和投资改革开始全方位的逐渐深化，市场的力量在经济发展中的作用更加受到重视，而地方政府也在获得了更多资源、更高积极性来发展地方经济之外，承担了更加重大的经济管理职责。地方政府在经济发展中的作用不再简单局限在有限的直接投资，在更大程度上，地方政府需要通过拥有的资源引导更大规模的社会投资，促进经济发展。同时，投资结构的改变也在这个时期开始酝酿，为今后我国经济结构转型和产业升级提供了有利条件。

（三）1992 ～ 2000 年，确立社会主义市场经济的发展方向

1992 年，中国共产党第十四次代表大会召开，党的十四大报告指出："我国经济体制改革确定什么样的目标模式，是关系整个社会主义现代化建设全局的一个重大问题。这个问题的核心，是正确认识和处理计划与市场的关系。我国经济体制改革的目标是建立社会主义市场经济体制。"至此，我国经济体制改革目标正式确立完成。此后，中央政府确定了市场在国家宏观调控下对资源配置起基础性作用。

同样，在投资体制改革方面，1993 年政府提出将投资项目从

类别上划分为公益性、基础性和竞争性项目。确定公益性项目由政府投资建设，基础性项目由政府投资为主，多渠道利用社会资金和外资，而政府不参与投资建设竞争性企业项目，而是由企业投资建设。政府在不同投资项目中承担的作用更加明确。

自财政分权制改革之后，中央财政收入占全国财政收入的比重不断下降，1978 年，中央财政收入占 GDP 比重为 31.2%，到了 1993 年，该指标已经下降至 18%。中央财政收入占整个财政收入的比重也从 1978 年的 45.8% 下降到 1993 年的 22%；从财政支出看，中央财政支出占全部支出的比重，从改革前的 70% 左右下降到 1993 年的 36.7%。针对这种情况中央政府在 1994 年进行了分税制改革，税收被划分为中央税、地方税和共享税三个部分。收入大、影响范围广、维持国家利益、宏观调控作用强、易于由中央征收的税种被划为中央税；税源分散、影响范围小、不宜统一征收管理、便于因地制宜、发挥地方优势的税种被划为地方税；征收面宽、收入弹性大、涉及中央和地方共同利益的税种被划分为共享税。分税制改革后，中央财政收入比例开始增加，分税制改革实现了一定程度的财政集权化，地方政府的财政收入比重下降。但与此同时，地方政府的财政支出仍然是逐年增加，财政压力增大。但是由于之前的财政分权中，地方政府已经建立起了相对独立的财政支出框架，地方政府已经具备了财政和经济活动的自主性，并在一定程度上获得了之前放权让利带来的利益。因此，地方政府依然愿意依靠政府投资促进地方经济发展而获得利益。此时，中央政府转移支付体系尚未健全完善，分税制改革在短期内增加了地方政府财政压力，但分税制改革为地方政府带来的经济收益权也促使地方政府发展区域经济的意愿更加强烈，地方政府在经济体系中发挥的作用愈加积极。地方政府仅作为中央政府的依附，很少参与经济决策的情况正式结束，中央政府干预地方政府财政收入的刚性行政制约正式结束。分税制改革提高了中央政府财政收入，增强了中央政府对经济的宏观调控能力。同时，分税制改革给地方政府带来的经济收益权促使其在制度允许的范围内追求利益最大化和自主权力的最大化，对经济的稳定发展起到积极作用。

在金融领域方面，此阶段的分权化改革让地方政府获得了更多的金融资源，金融部门的管理被纳入地方政府管理体系中。中国人民银行作为中央政府层级负责国家宏观货币政策制定和实施。但是在地方政府层次上，中国人民银行和国有银行的区域分支机构处于各自总行和地方政府的"双重领导"之下，地方政府对区域内的银行分支机构有很强的影响，能够对人民银行和国有银行分支行的经营决策和营利性施加影响，比如，直接影响银行信贷结构、信贷计划和信贷审批。为改变这种状况，中央政府改变了"双重领导"的体制，一方面，是中央银行和国有商业银行采取了垂直领导，地方政府不再对各地的中央银行和国有商业银行的分支机构具有管理权；另一方面，把国有商业银行确定为自主经营、独立审贷、自负盈亏的企业。目的是防止地方政府干预银行信贷，盲目扩大地方政府投资规模。

在此时期，以市场为导向的经济制度开始形成。以民营经济为代表的非国有经济展现出强大的活力，发展迅速。而国有经济也开始改革创新，现代企业制度很快开始在国有企业中推广，国有企业体制改革迅速全面展开。1998 年后，中央政府"抓大放小"和"国退民进"战略的实施对国有资本调整产生了结构性影响。通过"抓大放小"和"国退民进"战略，国有资本在国民经济总量中的比重有所降低，但是对于国民经济的支柱作用依然明显。同时，社会资本的介入和市场竞争机制也增加了国有企业的经济活力。此外，此期间财税体系、金融体系和企业制度的改革为宏观经济调控方式的转变提供了基础。宏观调控开始向产业政策调控过渡，政府和市场的职能划分更加明确，投资主体分工更加明确。这期间，要素市场、资本市场、劳动力市场均得到培育和快速发展，政策性金融和商业性金融开始分离。投资体制改革逐渐深化。这一系列改革都为我国经济发展提供了动力。

（四）2001 年至现在，社会主义市场经济体制正式确立

2001 年 11 月，中国正式加入世界贸易组织。作为世界解决多边贸易纷争的重要国际性组织，世界贸易组织制定的一系列规则被国际社会广泛认同。随着改革开放的不断深入，我国同世界其他经济体的交往与日俱增，面对日益复杂的国际政治经济形势，遵守国际通用"游戏规则"，保证经济更好更快发展是必然需求。

经过改革开放后 20 多年的发展，我国已经初步建立了社会主义市场经济体系，加入世界贸易组织，认同世界贸易组织在市场经济和自由贸易方面的基本准则，也有助于促进我国健全完善社会主义市场经济体系，促进更深程度的改革开放。此外，加入世界贸易组织后，贸易自由化直接影响着我国不同产业的发展。在国际竞争中，我国具有相对优势的产业，如纺织业获得了更大的发展机会。而缺乏竞争优势的部门则面临着更大的挑战。为了应对我国加入世界贸易组织所带来的种种利弊，我国不得不在经济体制改革和投资体制改革方面走向更加深入，步伐更快。可以说，加入世界贸易组织促进了我国改革和开放的加速。

2001 年，原国家计委提出了"谁投资，谁决策"的原则，目的是使地方政府和企业获得了更大的投资决策权。同年年底，原国家计委提出鼓励民间投资参与到基础设施建设和公共事业建设，并改进政府对民间资本在投资过程中的管理等建议。社会资本开始更广泛地参与到经济建设中。

2003 年，党的十六届三中全会通过《中共中央关于完善社会主义市场经济体制若干问题的决定》，进一步确立了企业的投资主体作用，实行"谁投资、谁决策、谁收益、谁承担风险"的机制，企业活力进一步增强。投资决策由原来的核准制向备案制过渡。政府主要是对影响到国家经济安全、环境安全、资源消耗、产业布局等重大项目和政府投资项目进行核准和审批。对于企业其他类型的

投资项目实行备案制。企业自主决策投资的项目在备案后，依照规定办理相关投资备案手续即可。同时，政府主要通过规划和政策引导调节投资结构，提高投资效率，避免恶性竞争和重复建设。

2004年，《国务院关于投资体制改革的决定》出台，更加明确了国家宏观调控下充分发挥市场配置资源的基础性作用，企业在投资活动中的主体地位。同时，文件强调了政府投资行为的规范性。创造有利于各类投资主体公平、有序竞争的市场环境，促进生产要素的合理流动和有效配置、优化投资结构、提高投资效益，推动经济协调发展等被纳入政府工作目标。这也使得政府行为对经济微观层面运行的引导、监督和控制更加合理且高效，政府对经济干预的手段也愈发成熟多样。

在此时期，政府改革的加速也全面影响了政府投资行为。首先，在这个时期对企业自筹投资项目的审批制改为核准制和备案制。政府的行政命令不再具有对企业投资决策的绝对控制力。但是为了更好地控制产业规模和产业结构调整，政府并不是完全放任由市场做决策，要对其中的重大项目和限制类项目进行核准，对其他项目实行备案制。其次，政府投资主要用于国防安全、生态环境保护、公共基础设施建设等公共性和外部性比较明显的公共产品投入。资源配置效率有所提高，公共物品供给更加充分。再次，政府投资更多地向欠发达地区和高技术产业流入，旨在解决我国经济区域发展不平衡、产业结构不合理和科技创新力不足的问题。此外，政府投资资金的使用更加多元化，渠道更加丰富。直接投资、资本金注入、投资补贴、贷款贴息等多种方式的运用使得政府投资资金的使用更加高效，对社会资本起到了良好的引导作用。最后，政府投资的监督管理和政府投资责任追究制度逐渐建立健全，投资行为更加规范。

第二节　地方政府投资行为分析

一、国家经济体制改革对地方政府投资的影响

（一）体制改革对地方政府投资环境的影响

改革开放后，伴随着分权化改革，我国投资体制和财政体制都发生了很大的变化，深刻影响了地方政府的投资环境：一是随着分权化改革，中央政府放权让利使地方政府拥有了更大的投资自主权和对经济资源更强的控制力，地方政府能够通过投资决策影响经济发展。但同时，地方政府投资行为也受到更加规范和硬性的约束。为了促进地方政府投资的合理性和高效性，中央政府和监管部门逐步完善投资决策规制与程序，建立投资决策责任追究制度，力争有效制约地方政府盲目的投资行为，促进地方政府投资行为向制度化、规范化、科学化转变。二是落实企业投资自主权和鼓励社会投资政策的实施，虽然有效调动了企业资本、民间资本、外商资本的投资积极性，强有力地刺激了投资资本供给，有利于缓解和消除投资资源短缺，但投资主体多元化、投资来源多渠道、投资方式多样化增强了地方政府对辖区投资活动的调控与监管难度，弱化了地方政府直接投资职能。三是社会主义市场经济体制的建立、完善和发展，显著提高了投资资源配置的市场化程度，投资效益显著提高，经济法律手段日渐取代单一的行政手段对社会投资进行有效调控。尽管地方政府扮演了投资主体和监管主体的双重身份，但是地方政府通过行政垄断对资源配置的范围逐渐减少。四是科学发展观的确立以及人与社会、自然和谐发展战略的实施，悄然改变着地方政府的发展战略与投资偏好，相应地也调整改变着地方政府投资的投资行为。随着投融资制度的日臻健全和完善，地方政府奉行几十年的"高积累、高投入、低产出"的外延扩大再生产发展之路，被投资

资源有效配置模式所取代。五是政府投资责任追究制度、地方投资制衡机制、重大项目稽查制度以及政府投资行为的公平、公正和公开，不仅有效增强了地方政府投资的透明度，提高了地方政府投资的效益，而且有利于从制度上规范和约束地方政府官员的投资行为，增强地方政府官员的风险管理与防范意识。[①]

在分权化改革促进经济快速发展的情况下，地方政府在经济活动中的多重身份特点表现得更加明显。首先，地方政府不再仅是计划经济体制下中央政府的政策代理人，在一定程度上地方政府拥有了自主决策权。其次，地方政府仍然是行政管理部门，对地方社会和经济发展有一定的控制力，这种控制力不但体现在行政控制力，而且也体现在由行政控制力所引出的对资源配置的控制力。地方政府既可以运用行政控制力调控市场，也可以通过配置资源影响市场。政府和市场调控方式同时并存。至于是运用行政控制力还是运用资源配置机制调控区域内的投资活动，则主要取决于地方政府的成熟程度和发展目标。最后，在分权化改革和财税改革后，地方政府作为独立经济利益的行为主体特点愈发明显。"委托—代理"机制下的地方政府追求区域收益最大化的利益偏好逐渐增加，地方政府通过与本地企业结成利益共同体，以地方企业的发展来涵养地方政府税源的现象逐渐显现。

分权化改革本身也存在制度缺位和错位的问题。由于经济发展不平衡的问题始终存在，加之分税制改革对地方政府财政收入产生了较大影响，经济资源分配不平衡的问题也更加明显。原有的区域间发展不平衡的问题更加严重，导致地方政府赶超行为的泛化与地方保护、重复建设、产业趋同等问题随之扩展。这些问题不仅加剧了地方间的竞争，也由此引发了地方政府主导型经济发展模式中的一些非理性因素，比如地方政府间不切实际的速度攀比、招商热、

---

① 李国峰：《中国区域经济发展中的地方政府投资行为》，企业管理出版社 2008 年版，第 136~137 页。

开发区热等。

(二) 地方政府对经济发展及投资的影响

地方政府承担着管理地区经济发展的任务，需要根据区域发展实际情况和需求做出投资决策，但是地方政府的投资决策都不应当违背中央政府宏观调控目标，尤其是中央政府出台宏观调控政策后，地方政府既是国家宏观调控的对象，又是宏观调控政策在本辖区内的执行者。因此，符合国家宏观调控目标，执行国家宏观调控政策是国家对地方政府投资行为的基本要求。

宏观调控是我国保持经济总量平衡，抑制通货膨胀，促进重大经济结构优化，实现经济稳定增长的重要手段。调控手段和目标包括通过制定财政政策、货币政策以调节经济循环中积累和消费的关系；通过运用价格控制，税收政策，调节信贷等方式实现国民收入的分配与再分配；通过编制经济发展计划，合理配置资源等多项内容。在拉动经济的要素投入中，由于投资受到经济体系中乘数—加速数原理和外部冲击的影响更大，其波动性远比由居民永久性收入所决定的消费要素高。普雷斯科特（2000）统计分析表明，在发达国家，以产出作为对比参照，消费的不稳定性约为产出不稳定性的1/2，但是投资的不稳定性却是产出不稳定性的3倍。同时，在我国由于投资所带来的资本形成在 GDP 中的占比明显高于发达国家。因此，我国投资增长与经济增长密切相关的情况就决定了在我国宏观调控中的一个重要调控就是投资调控。

改革开放后，从我国经济周期的实际情况来看，投资需求的快速增长和下降直接影响了经济总需求波动，这也是此期间五次经济过热和两次经济衰退的主要影响因素。笔者以 1993～1996 年及 2003～2007 年[1]的两次宏观调控抑制投资过热为例（见表 3－1），

---

[1] 2008～2010 年的投资增长率也较高，均为20%以上，但是考虑到政府应对全球金融危机扩大投资的需要，在此予以分析。

观察宏观调控对地方政府投资的影响。其中，将包括 CPI 在内的多项物价指数、投资增长率和 GDP 增长率作为判断投资过热的起点。

表 3 - 1　　　　　1992~1996 年和 2002~2007 年主要经济指标

年　　份		CPI（%）	原材料、燃料、动力购进价格指数（%）	GDP 增速（%）（可比价格）	投资增速（%）（可比价格）
1992~1996	1992	6.4	11.0	14.2	37.5
	1993	14.7	35.1	14.0	47.8
	1994	24.1	18.2	13.1	26.5
	1995	17.1	15.3	10.9	15.5
	1996	8.3	3.9	10.0	12.9
2002~2007	2002	-0.8	-2.3	9.1	15.9
	2003	1.2	4.8	10.0	26.1
	2004	3.9	11.4	10.1	24.4
	2005	1.8	8.3	10.2	24.6
	2006	1.5	6.0	11.6	22.5
	2007	4.8	4.4	11.9	24.8

资料来源：国家统计局：相关年份《中国统计年鉴》，中国统计出版社；国家发展和改革委员会投资研究所等：《2008 中国投资报告》，中国计划出版社 2008 年版，第78 页。

从表 3 - 1 可以看到，在 1993~1996 年投资过热和 2003~2007 年投资局部过热的两个周期中，投资增速上升表现明显，如 1992~1993 年，投资增速连续高达 37.5%，47.8%，而在 2002~2007 年的投资局部过热中，2003~2007 年的投资增长率持续保持在 20% 以上。与此同时，原材料、燃料、动力购进价格指数，CPI 指数均有不同程度的上涨。

在两次经济过热中，地方政府行为欠规范是一项重要诱因。1993~1996 年投资过热的同时也表现为经济全面过热，行业投资的过快增长引发了价格上涨和消费过热。在此期间，政企分开并未到位，政府对国有企业拥有所有权和经营管理权，国有经济投资在整个社会投资中的比重很大，比如，在 1993 年，国有投资占全社会投资的比重高达 60%，地方政府有能力、有资源也有意愿开展大规模投资建设，尤其是此时，中央政府对地方政府投资的监管还相对较弱，投资责任缺乏约束，这也间接降低了地方政府的投资决策成本，最终带来的结果就是引发投资过热。在 2003 ~ 2007 年投资过热的周期中，国有经济投资在全社会投资中的占比已经下降至不到 40%，加之地方政府与国有企业的关系已经同前一次有了很大变化，地方政府通过影响国有经济的程度降低，随之引起的经济过热程度有所降低，但是地方政府依然是投资过热的重要推手。地方政府利用其控制的各类投资开发公司和政府信用从金融机构获得了大量授信和贷款。另外，地方政府出于招商引资、发展区域经济等目的对公共利益管理不力的行为视而不见也降低了企业投资的成本，如不重视企业环境污染的治理，违规使用土地等行为，这也间接推动了全社会投资的增长。同时，2003 年以后的房价上涨也促使地方政府有意愿推高地价，提高土地收益，增加政府收入，这些收入也是政府用于市政建设等各种工程建设开支的重要资金来源，直接推动了投资上涨。但是总体而言，随着我国经济体制的逐渐完善，市场力量在经济局部过热中产生了更大的作用，此次投资过热并没有引发全面的经济过热。但是投资过热所带来的资源浪费，物价上涨，经济不稳定性增加也损害了我国经济健康发展。

经济运行层面上，投资过热的直接影响因素之一就是货币供给。在两次投资过热的周期中，中央政府都充分利用货币政策工具对货币供给进行了及时调控。在抑制 1993 ~ 1996 年投资过热的过程中，通过上调再贴现率和金融机构法定贷款利率等货币工具，紧缩货币供应量，抑制投资需求。在抑制 2003 ~ 2007 年的投资过热的过程中，货币政策利用更加充分，如存款准备金率这一非常强力的货币政策工具被频繁动用。存款准备金率从 2003 年 9 月至 2007

年 12 月，经过 15 次调整，由最开始的 6% 升至 14.5%，变动幅度高达 8.5 个百分点。通过运用紧缩性货币政策，抑制投资需求。在出台货币政策的同时，产业政策的出台，如 2004 年国务院下发《关于对电石和铁合金行业进行清理整顿若干意见的通知》等，都对抑制投资过热起到了积极作用。在中央政府的检查和督导下，地方政府成为中央政府政策的具体执行者，通过运用强有力的行政措施手段将中央政府的调控政策在本地区内落到实处，地方政府对宏观经济调控政策的执行也影响着宏观调控政策效果和区域内经济发展成效。

从 1993～1996 年和 2003～2007 年的这两次投资过热来看，地方政府作为重要动因之一，直接暴露出地方政府在经济管理和贯彻国家政策方面的缺陷。而在投资调控中，地方政府更大程度表现出被动局面，不得不成为中央政府的决策执行者，尤其是行政手段的操作者。从对比两次抑制投资过热过程中也可以看到，市场机制的力量在逐渐增强，政府通过国有投资推动投资增长，实施投资调控的力度已经大大减小。但是地方政府成为投资波动原因的制度因素依然并未消失，地方政府投资对经济发展的影响依然存在。同时，地方政府投资行为的动机并未发生实质性改变。

二、地方政府投资行为影响因素

(一) 委托—代理制度的矛盾

中央政府和地方政府作为不同层级的公共管理部门共同管理着国家经济活动。中央政府对宏观经济的调控力度更大，而地方政府更侧重于在区域内执行国家的调控政策和组织管理调控微观层面的经济活动。在高度集权的计划经济体制下，中央政府对投资资源的分配有很强的控制力，中央政府和地方政府在投资活动决策、管理和调控方面不平等性很强，这也形成了中央政府和地方政府在经济调控和投资活动中的委托—代理关系。委托—代理关系下的中央政府和地方政府之间客观存在着信息不对称情况，中央政府在产业间生产要素分配、区域间经济发展平衡和投资供需关系上有明显的信息优势，而地方政府在区域内福利最大化，投资项目的资源需求与供给时滞以及投资资源利用率方面更有信息优势。这种信息不对称也扭曲了投资决策和投资计划安排，加剧了中央政府和地方政府投资目标和行为方式差异。政府间的信息不对称和加剧了委托—代理关系中中央政府和地方政府的矛盾。

委托—代理关系的根本矛盾在于委托人和代理人的行为目标不一致，代理人在代理委托人的行为时，具有双重的利益取向。一方面，代理人受到代理关系的约束需要实现委托人的利益目标；另一方面，代理人有意愿通过实施代理行为来实现自身利益的最大化。代理人的双重利益取向容易引发委托人托付行为和代理人代理行为的不一致，进而产生利益冲突和行为矛盾。同时，这种委托—代理制度缺乏激励相容。在资源有限的情况下，要实现经济更好更快的发展，中央政府只有通过行政手段实行资源的集中配置，从而提高资源配置效率，保证区域间均衡发展。而地方政府在投资资源非常有限的情况下，只能向中央政府争取更多的投资项目和投资资金促进本地区经济发展，提高区域内就业水平，最终实现本地区的福利最大化和官员政治利益最大化。这就形成了地方政府同中央政府利益即统一又矛盾的格局，即中央政府和地方政府都希望有限资源集中配置，而地方政府基于区域内福利最大化和官员政治利益最大化的需求，希望自身的投资需要得到最大满足。中央政府和地方政府协调利益关系的主要工具是行政命令，而缺乏相容激励，也客观加剧了委托—代理关系下的矛盾，地方政府始终处于难以改变中央政府刚性投资计划和行政权力，同时也制约着公共资源的使用效率。

随着分权化改革的进行和计划经济体制向社会主义市场经济体制的转型，地方政府获得了更大的投资自主权，逐渐成为具有独立经济利益的行为主体。在区域经济投资决策和经济管理中具有了一定的自主权，但是地方政府对经济管理的方针和政策不能违背中央政府宏观调控的基本思路。在中央政府出台新的调控政策后，地方政府依然需要根据中央政府政策调配区域内经济资源的客观现实也表明：地方政府在一定程度上作为中央政府政策"执行人"的角色并没有发生改变，委托--代理关系依旧存在。

地方政府为了满足地方政府利益最大化的目标，地方政府同区域内企业结合成利益共同体，地方政府又演化出"政治企业家"的角色。地方政府的双重身份是分权化改革在制度上形成的错位，加剧了各地政府间的经济竞争，政府主导的发展模式并没有得到根本改变，委托—代理关系下的地方政府投资行为异化并没有得到解决。相反，地方政府在地缘经济上的博弈和政治上的寻租行为加剧了委托—代理关系下中央政府和地方政府之间的矛盾。因此，委托—代理关系中的矛盾构成了地方政府行为动机的制度基础。

（二）地方政府官员的政治需求

分权化改革为地方政府带来的角色转变使得地方政府"经济人"的特点更加明显，地方政府投资行为动机的短期化倾向增加。地方政府出于区域内投资利益，包括政治利益的考虑，投资需求增强，区域投资利益的需求相应增强，区域之间经济发展缺乏合作性。地方政府"政治企业家"归根结底是为地方官员的政治需求服务的。在地方政府官员有效的任期内，只有取得了相当的业绩，才有可能实现其政治需求，这就促使地方政府领导人在任期内，充分调动资源，改善地方投资环境，吸引社会资本参与经济建设，加快地方经济发展，增加地方财政收入。同时，地方政府行政区划意识增强，地方保护意识增强，地方政府间竞争加剧，各地攀比GDP增速，比拼"招商引资"优惠政策，限制区域外产品的市场准入等现象时常发生。

原国家计委投资研究所曾于1994年对我国部分省、市和地区的地方政府投资行为动机问题进行过专门问卷调查和研究。结果表明（见表3-2），总体而言，加快地方经济发展是地方政府扩大投资规模的第一动机；第二动机是为了增加地方政府财政收入；第三动机则是为了改善本地区的投资环境；第四动机是为了追求本届政府的政绩，而发展地方薄弱产业和提高本地就业水平动机排在末尾。值得注意的是，动机"提高本地就业水平"的评分只有0.19，同之前的动机的评分都有不小的差距，即便是处于发展动机第五位的发展地方薄弱产业的评分也达到了1.78。本地就业水平是直观反应地方经济社会发展的指标。这样的排序也可以反映出长久以来我国经济考核和官员政治考核中GDP至上的客观事实，地方政府并不真正重视经济全面发展和投资效率，并不注重经济发展对全民的生活水平的影响。

表3-2　　　　　　　地方政府扩大投资规模的动机

动机要素	全国		东部地区		中部地区		西部地区	
	排名	评分	排名	评分	排名	评分	排名	评分
增加地方财政收入	2	4.47	4	2.13	2	5.07	1	6.67
发展地方薄弱产业	5	1.78	5	1.47	4	2.47	5	1.33
追求本届政府政绩	4	2.40	3	2.93	5	2.05	4	2.17
加快地方经济发展	1	6.92	1	8.13	1	6.44	2	6.00
改善本地投资环境	3	4.28	2	5.33	3	3.84	3	3.50
提高本地就业水平	6	0.19	6	0.03	6	0.27	6	0.33

资料来源：原国家计划委员会投资研究所等：《1994中国投资白皮书》，中国计划出版社1994年版，第166页。

从以上排序我们也可以观察到，位于追求本届政府政绩之上的三大动机分别是：加快地方经济发展、增加地方财政收入和改善本地投资环境。而这三大动机同政府政绩有很高的相关性。这三大要素不但是地方政府政绩的具体表现，也是地方经济发展考核和官员业绩考核的重要内容。相比较而言，发展地方薄弱产业和提高本地就业水平在官员考核中所占的比重较低，尤其是薄弱产业发展往往并不能短期内立刻收到成效，产业最终能否发展起来具有很强的不确定性。因此，地方政府也就不愿意将薄弱产业发展作为主要工作目标，占据经济资源。从评分数值来看，薄弱产业发展的动机评分比前三位的动机评分低很多，这也印证出地方政府不愿意为政绩承担风险的现实。从地方政府的投资动机可以判断，地方政府投资首选领域就是对于经济增长、财政收入增加关系比较紧密的领域，而地方政府对于经济发展，如产业结构调整，就业增加等方面，重视程度比较有限，地方政府对于经济发展的促进作用并不明显。在这其中，政治需求和经济、政绩考核制度发挥了至关重要的推动作用。

　　从区域发展的角度来看。首先，地方政府对是否藏富于民的问题，存在不同认识。在经济相对比较发达地区，政府更加看重地方经济发展的成果。经济不发达的地区，政府越希望能够增加地方财政收入，从而掌握更多的经济资源。东部地区和中部地区最重视地方经济发展，西部地区最重视增加地方财政收入。东部地区和中部地区相比，中部地区对于增加地方财政收入比东部地区更加重视。这也从侧面反映出东部地区和中部地区，社会资本的活跃程度对区域经济发展的贡献较大，尤其是在东部地区，政府投资对社会资本的引导作用更受重视，而西部地区社会资本的不活跃也客观要求地方政府增加财政收入，增加经济资源配置，促进经济发展。区域间经济发展不平衡一览无余。其次，东部地区对政府政绩的要求更高，而中西部地区对于政绩的因素考虑要弱于东部，这也体现出在中西部地区，经济发展程度和地方政府财政收入确实制约了地方政府在投资和经济发展中承担更大作用，地方政府出于提高政绩的需求，必须先要解决扩大投资资金来源，更多引入社会资本的问题。最后，各区域地方政府对投资环境的改善都比较重视，这也可以归因于地方政府迫切需要更多的招商引资，促进经济增长，这也为地方政府投资充分发挥杠杆作用，在社会主义市场经济中以市场调节为主体提供了契机。而对于就业和产业调整，各地政府都不是十分重视，这为地方政府间重复建设，产业规划不合理等问题提供了解释依据。

三、分权化下的地方政府投资冲动及衍生问题

地方政府在经济活动中的多元角色和委托代理机制下的矛盾并不会直接引起地方政府的投资冲动。地方政府容易产生投资冲动的问题直接源于地方政府的利益独立化，也源于我国政府官员"对上负责"的政治升迁制度。

1994 年分税制实施后，一方面，中央政府在适当集中财政税收权的同时，相应下放了地方政府投融资决策权和企业管辖权，给予地方政府更多的投融资决策的自主权，从而为地方政府在其所管辖的行政区内实施"准企业"投资行为提供了制度保证；另一方面，在政府主导的经济发展模式中，地方政府是一个具有二重角色的"政治企业家"，它既是一个有强制力的公共权力部门，又是一个利益相对独立的经济行为主体。相应地，地方政府既可以借助于国家赋予的权力选择有助于实现自身利益最大化的资源配置方向；也可以利用其信息优势选择有效率的投资项目，享有投融资优先权。

传统的计划经济体制下，地方政府政绩的判断标准相对简单，主要是执行中央计划的程度。地方经济发展的成果与地方政府的关联度较小，地方经济的发展成果很难作为判断地方政府政绩的标准。随着分权化改革带来的行政性事权下放和经济收益权、资源配置控制权的转移，地方政府承担起更多的发展区域经济的责任。尤其是投资审批权的扩大，外资引入的放开等，对地方政府的管理决策水平提出了更高要求，区域经济发展成果可以直观反映地方政府能力和地方政府政绩。同时，我国改革开放确定的"以经济建设为中心"的基本方针速也是地方政府把地方经济发展水平作为政绩的重要诱因。具体来看，GDP 增速和地方财政收入是衡量地方政府业绩的重要指标。

现行财税体制下，地方企业对地方财政的主要贡献是税收缴纳，如增值税、所得税、营业税、土地增值税等。无论是出于满足本级政府财政收入需要，还是达成经济工作目标需要，或是满足政绩需求，都迫使地方政府有意愿大力发展区域内企业，重视区域内经济的发展。

在衡量地方政府业绩的标准中，社会发展也是衡量标准之一，但由于社会发展目标很难用统一的标准化数据指标直接度量。同时，社会发展也与经济发展往往是相辅相成的，社会发展的发展程度同政府投资数量紧密关联。因此，全力发展区域经济是各地政府达成政绩的首要手段。因此，投资成为地方政府工作的重中之重，是地方政府发展经济的重要途径。各地方政府一直都在试图通过制定宏伟的经济发展计划，实现经济的快速发展。这种趋势在近期仍然没有得到改变，在各地方政府制定的"十二五规划"中，各地GDP年均增长都高于国家"十二五规划纲要"提出的7%，绝大部分地区的GDP规划增长均超过10%。

在政府管理体系运行过程中，地方政府的职能是由地方政府官员实施的，地方政府官员的利益最大化又必须通过其有限任期内的具体政绩体现出来。因此，出于政治需求，地方政府官员在任期内取得相当政绩的意愿非常强烈。地方政府官员尽可能利用其拥有的政治权力调动一切可以调动的资源和信息，加快地方经济发展，增加地方财政收入，改善本地投资环境，吸引更多的外资投入和扩大地方就业规模来实现政治利益。这也客观使地方政府投资行为因地方政府官员政治利益动机而对区域内经济发展和社会整体福利水平提高产生积极的促进作用，尽管这种动机并不是完全出于经济视角。

但是同时，这种出于政治需求的政府投资动机也不可避免地造成了投资决策偏差。为实现目标，各级地方政府都把扩大投资作为经济发展的主要方式，在投资项目规模上求大，在投资效果上急功近利，在投资决策上不注重经济效益。许多项目都成为了首长工程。这些投资效益较差的投资项目，不但同地方经济发展水平和要求不相符，而且还浪费了资源，损害了政府公信力。在地方政府财政实力有限的情况下，地方政府通过投资实现经济增长的难度增大，为了满足投资的资金需求，地方政府必须充分利用内外部各种资源进行筹资。但是这些也没有成为阻碍地方政府制定宏伟投资计划，加快项目建设的绊脚石。恰恰相反，地方政府通过在融资上的有所作为，向整个社会传递了投资信号，在一定程度上起到了示范效应。如果地方政府未能合理规划投融资计划，就很容易引发整个经济体投资过热。

此外，地方政府的政治需求也是地方保护主义现象产生的主要原因。自改革开放以来，中央政府实行的以"放权让利"为核心的分权制度在省级行政区域表现出了程度差异，可以说"放权让利"是地方保护主义产生的制度基础。从"经济人"利己性的角度来看，已经具有了独立经济利益的地方政府更容易以其狭隘的行政区域利益为出发点，使其地方保护意识增强。在地方政府投资行为中，则表现为区域内投资的盲目扩张和对区域内投资利益需求的增强。地方保护主义行为阻碍了国内形成规范统一、有序运行的生产要素市场，产业的地区集中度低，产业区域专业化水平低，短缺的生产要素难以超越区域实现合理流动，区域间经济发展缺乏足够合作。这既不利于实现全国范围内的和谐、可持续发展，也不利于增强同一经济区域内不同行政区之间经济发展的合力，不利于提高资源配置的效率。显然，这种建立在保护区域利益的地方保护主义暂时满足了地方政府及其官员利益最大化的需求，但却无益于整个国家的经济发展。

地方政府保护地方利益的同时，地方政府之间也存在着竞争。地方政府相互赶超战略的实施影响了区域内和区域间的资源向资本转化的行为。在我国区域经济发展的过程中，正处于从资源密集向资本密集转化的过程。分权制度实施以后，一方面地方政府强烈的利益需求增强了地方政府内在投资扩张的动力，投资需求日趋旺盛，招商引资迫切；另一方面行政区域内较低的经济发展水平与分割的资本市场体系成为地方政府大规模融资的障碍。投资的迫切和融资的不足加剧了地方政府投融资活动中的供需矛盾。不少地方政府力求将资源转化为资本，改善本地投资环境，以吸引更多的外来资本流入。例如，许多地方政府采取了税收减免、土地优惠、低廉低价入股、财政担保融资等措施，吸引外来投资以加快本行政区域内经济发展。这种行为既不利于区域比较优势的发挥和经济的可持续发展，又妨碍了本地区市场化的改革与发展进程，导致投资资源短缺与浪费，降低了资源的利用效率。

　　除上述表现外，权力寻租问题也值得关注。权力寻租在世界经济范围内广泛存在。但是在发展中国家，资源短缺往往是制约这些国家经济发展和微观经济主体发展的重要因素。在我国，资源短缺问题同样存在，并且是制约经济体中企业发展的重要因素，比如长期困扰我国中小企业发展的融资难问题。为了获得企业发展所必要的资源，在监管效力不强的情况下，企业就倾向于利用贿赂等手段获取急需资源。而地方政府中的控制权是权力寻租的关键。近年曝光的官员贪污受贿案件中，有许多与投资建设有关，尤其是利用职务之便对政府、企业的项目审批、土地划拨、招标和融资等方面进行干预，以权谋私。

　　总体而言，分权制度实施后，由于地方政府的利益需求更加强烈，而且行政区域内的资源配置权力扩大，地方政府已由集权制度下中央政府的"代理者"和宏观调控的执行者转化为分权制度下的权力主体和宏观调控对象。为了实现和维护本地区经济利益最大化和福利最大化，地方政府的投资冲动一直难以制止，并因此而出现于地方政府职能相违背，甚至违法乱纪的行为。具体表现为：一方面从本地狭隘的行政区域利益出发，各地方政府争夺中央政府投资资源配置和政策倾斜；另一方面尽力放大手中的权力，筹集资金，直接干预银行贷款，甚至利用政策性贷款浑水摸鱼，进行外部"寻租"和投机。

第三节　地方政府投资资金来源

随着分权化改革、分税制改革和国有企业体制改革的深入，地方政府投资可用资金也逐渐增多。比如在 2008 年，为了应对全球性金融危机对我国的影响，中央政府出台了 4 万亿元投资计划。各省级政府也根据自身的情况，提出了配套投资计划，以促进当地经济发展。根据对 24 省级地区投资计划的核算，计划投资总额接近 18 万亿元。尽管这些投资资金的来源不一定完全是地方政府投入，但也说明了地方政府可控资源的规模较大，对于地方经济发展影响力很大。概括来讲，地方政府投资资金的来源主要包括四个方面，一是地方政府财政预算收入；二是来自中央政府的地方税收返还和转移支付；三是出让国有（包括地方政府征收农民集体所有）土地的收入；四是依靠具有政府公益性项目投融资功能、并拥有独立企业法人资格的国有经济实体，如建设投资公司、建设开发公司、投资开发公司等（政府融资平台）贷款或发债获得的资金。此外，地方政府投资资金来源还包括 20 世纪 90 年代后期的出卖或转让国有资产获得的收入以及近些年的地方债。

一、地方政府财政预算收入

地方政府预算收入主要包括一般预算收入和基金预算收入，是地方政府收入中的最基础部分。一般预算收入主要包括地方税和共享税中归属于地方政府的部分，以及国有资产经营收益、专项收入、行政事业性收费收入、罚没收入等 7 项非税收入。基金预算收入主要分为纳入预算管理的政府性基金收入和社保基金收入两大部分。纳入预算管理的政府性基金是指政府向社会无偿征收的具有专项用途的财政资金，比如地方教育附加、城市建设维护费等收入；

社保基金收入包括基本养老保险、失业保险、医疗保险、工伤保险和失业保险等，社保基金纳入国库管理，主要用于社保事项，使用范围和用途比较单一，且受到严格限制。从地方政府财政收入来看，一般预算收入的使用范围比较广泛，可以用于各项地方政府投资。而基金预算收入作为投资的使用往往具有特定范围。

分税制改革前，地方财政收入占国家财政收入70%以上。改革后，这一比例下滑到45%以下，之后该比例基本稳定在50%左右（见表3-3）。从收入的绝对数来看，在分税制改革当年，地方政府的财政收入大幅下降，降幅高达30%，但是仅过了两年，地方政府财政收入就超过了改革前的水平，而中央财政收入在1994年大幅提高后一直保持了稳定增长。分税制改革给地方政府带来阵痛的同时，激活了地方政府发展区域经济的积极性，有益于国家整体财政收入增长。逐年增加的地方财政收入依然是地方政府投资资金来源的基础。

表3-3　　　　　　1990～2010年中央和地方财政收入和比重

年份	金额（亿元）			比重（%）	
	全国	中央	地方	中央	地方
1990	2937.10	992.42	1944.68	33.8	66.2
1991	3149.48	938.25	2211.23	29.8	70.2
1992	3483.37	979.51	2503.86	28.1	71.9
1993	4348.95	957.51	3391.44	22.0	78.0
1994	5218.10	2906.50	2311.60	55.7	44.3
1995	6242.20	3256.62	2985.58	52.2	47.8
1996	7407.99	3661.07	3746.92	49.4	50.6
1997	8651.14	4226.92	4424.22	48.9	51.1
1998	9875.95	4892.00	4983.95	49.5	50.5

续表

年份	金额（亿元）			比重（%）	
	全国	中央	地方	中央	地方
1999	11444.08	5849.21	5594.87	51.1	48.9
2000	13395.23	6989.17	6406.06	52.2	47.8
2001	16386.04	8582.74	7803.30	52.4	47.6
2002	18903.64	10388.64	8515.00	55.0	45.0
2003	21715.25	11865.27	9849.98	54.6	45.4
2004	26396.47	14503.10	11893.37	54.9	45.1
2005	31649.29	16548.53	15100.76	52.3	47.7
2006	38760.20	20456.62	18303.58	52.8	47.2
2007	51321.78	27749.16	23572.62	54.1	45.9
2008	61330.35	32680.56	28649.79	53.3	46.7
2009	68518.30	35915.71	32602.59	52.4	47.6
2010	83101.51	42488.47	40613.04	51.1	48.9

资料来源：国家统计局：《中国统计年鉴2011》，中国统计出版社2011年版。

除了1994年的税收分权改革大幅改变了中央政府和地方政府的收入比例之外，其他年间中央政府和地方政府财政收入的增幅基本保持稳定。值得注意的是，从1997~2003年，国债发行为中央政府财政的增加起到了积极作用。中央政府的财政收入摆脱了之前一直低于地方政府财政收入增长的情况（1994年除外），如图3-1，中央政府层级的收入增长持续高于地方政府财政收入增长。从收入占比来看，1998年中央政府收入占财政总收入的49.5%，接近50%，从1999年后，该比例均维持在50%以上。2003~2006年，中央政府缩小了国债发行规模，因此，中央政府财政收入增幅有所下降。尤其是2005~2006年，受此影响，中央政府财政收入占比从之前的54%下降至52%，如图3-1。由此可见，在财政分权改革以后，中央政府和地方政府的财政收入分配比例总体保持稳定。

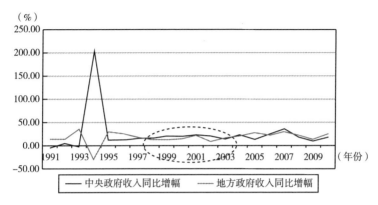

图 3 - 1 中央政府和地方政府收入同比增长情况

从地方政府财政支出占国家预算内财政支出的情况来看，2002年以前，该比重稳定在 70% 左右，在 2002 年开始，我国经济出现了投资局部过热的情况，作为投资局部过热的重要推手，地方政府财政支出的比例持续上升。紧接着在 2008 年，各地政府配合中央政府 4 万亿元投资计划配套的投资安排，继续推动了地方政府财政支出增加。到 2010 年，地方政府支出已经超过全国总支出的80%，如表 3 - 4。从支出的绝对数来看，地方政府财政支出的绝对数在各年均大于收入数，地方政府层级的财政收入不能完全满足支出需求，即便是考虑的政府转移支付后，地方政府仍存在资金缺口，地方政府财权和事权并不统一。比如，在 2010 年，中央政府转移支付创纪录地达到 32341.09 亿元，转移支付后，中央政府收入仅占总财政收入的 12.2%。但是，地方政府的财政支出高达73884.43 亿元，而收入仅有 72954.93 亿元，财政收支方面存在近千亿元的资金缺口。而投资仅是政府支出中的一项内容，因此，仅依靠预算内财政收入作为投资资金的来源是远远不够的。这也反映出，在社会资金非常有限的情况下，地方政府为了促进区域经济发展也愿意背负一定程度的债务。2010 年之后，地方政府欠债经营的情况愈发严重，地方政府债务问题开始受到更多关注。

表 3 - 4　　　　1990～2010 年中央和地方财政支出和比重

年份	金额（亿元）			比重（%）	
	全国	中央	地方	中央	地方
1990	3083.59	1004.47	2079.12	32.6	67.4
1991	3386.62	1090.81	2295.81	32.2	67.8
1992	3742.20	1170.44	2571.76	31.3	68.7
1993	4642.30	1312.06	3330.24	28.3	71.7
1994	5792.62	1754.43	4038.19	30.3	69.7
1995	6823.72	1995.39	4828.33	29.2	70.8
1996	7937.55	2151.27	5786.28	27.1	72.9
1997	9233.56	2532.50	6701.06	27.4	72.6
1998	10798.18	3125.60	7672.58	28.9	71.1
1999	13187.67	4152.33	9035.34	31.5	68.5
2000	15886.50	5519.85	10366.65	34.7	65.3
2001	18902.58	5768.02	13134.56	30.5	69.5
2002	22053.15	6771.70	15281.45	30.7	69.3
2003	24649.95	7420.10	17229.85	30.1	69.9
2004	28486.89	7894.08	20592.81	27.7	72.3
2005	33930.28	8775.97	25154.31	25.9	74.1
2006	40422.73	9991.40	30431.33	24.7	75.3
2007	49781.35	11442.06	38339.29	23.0	77.0
2008	62592.66	13344.17	49248.49	21.3	78.7
2009	76299.93	15255.79	61044.14	20.0	80.0
2010	89874.16	15989.73	73884.43	17.8	82.2

资料来源：国家统计局；《中国统计年鉴 2011》，中国统计出版社 2011 年版。

二、地方税返还和转移支付

1994 年分税制改革后，中央政府财政收入占比大幅提高，地方政府财政收入下降明显。为了保证地方政府的收入和支出的相对稳定，我国引入了税收返还和转移支付制度。中央政府的本级收入并没有全部用于本级自身支出，其中相当大的部分被用于对地方的税收返还和转移支付，成为地方政府财政收入的重要来源之一。比如，财政部 2010 年《中国财政基本情况》显示：2010 年，中央对地方财政税收返还和转移支付 32341.09 亿元，相当于地方政府本级支出的 44%。其中税收返还 4993.37 亿元，占总量的 15.4%；一般转移支付 13235.66 亿元，占总量的 40.9%；专项转移支付 14112.06 亿元，占总量的 43.7%。税收返还和转移支付后形成的地方政府财政资金由地方政府安排财政支出。

（一）税收返还

税收返还主要包括增值税、消费税返还，所得税基数返还以及成品油价格和税费改革税收返还等内容，税收返还的基础是按税种划分而不同。1994 年分税制改革后，原属于地方财政的中央企业增值税和消费税上划为中央收入，中央根据各地上划中央企业增值税和消费税收入增长率为基础给予税收返还。2001 年，为了保证地方利益，中央实行所得税基数返还。对于按照所得税分享比例和范围计算出的地方分享所得税收入小于地方实际所得税收入的差额部分，中央政府作为基数返还。在实施成品油价格和税费改革后，中央政府按照原地方政府收入基数，将原公路养路费、公路运输管理费等六项费用给予返还。从税收返还的结构来看，增值税和消费税返还仍然是占到税收返还的绝大部分。比如 2010 年，中央政府 4993.37 亿元的税收返还中，增值税和消费税返还占总量的 72%，达到 3602.18 亿元。

（二）转移支付

1995 年，我国出台了《过渡期财政转移支付办法》，其基本原则是计算各地区的标准财政收入和财政支出，以各地标准财政收支的差额作为财政转移支付的分配依据。在《过渡期财政转移办法》执行伊始，由于中央财政可用于转移支付的财力有限，加之转移支付制度中的统计数据不完善等问题存在，转移支付的规模非常有限，1995 年，财政转移支付的规模仅为 20.7 亿元。从 1999 年开始，随着中央在工资转移支付和农村税费改革转移支付的调整，转移支付的规模大幅上升。2000 年，民族地区转移支付的改革也进一步完善了转移支付制度，提升了转移支付的规模，为 2002 年《一般性转移支付办法》的出台奠定了基础。2009 年，为了进一步规范财政转移支付制度。中央对地方的转移支付简化为一般性转移支付、专项转移支付两类。

一般性转移支付是指："为弥补财政实力薄弱地区的财力缺口，均衡区域间财力差距，实现地区间基本公共服务能力的均等化，中央财政安排给地方财政的补助支出，由地方统筹安排。"专项转移支付是指："中央财政为实现特定的宏观政策和失业发展战略目标，以及对委托地方政府代理的一些事务或中央地方共同承担事务进行补偿而设立的补助资金，需按规定用途使用。"[1]

转移支付有利于推动基本公共服务的均等化，推动区域均衡协调发展。税收返还和转移支付促进了中央政府和地方政府的收支平衡，中央政府通过分税制改革获得的财政集中权不但通过这个渠道保证了地方政府财政收支的稳定，也通过再分配机制促进了区域均衡发展。2010 年，中央财政支出中一般性转移支付中的均衡性转移支付达到 4760 亿元，占到一般性转移支付的 40%。其中，中西

---

[1] 中华人民共和国财政部：《中国财政基本情况（2010）》，经济科学出版社 2010 年版，第 11 页.

部地区占到94%。此外，民族地区转移支付330亿元，农村税费改革转移支付770亿元。这些转移支付都有助于调节区域间的均衡发展。

三、土地转让收益

1980年，中央政府发布《国务院关于中外合营企业建设用地的暂行规定》，明确规定："中外合营企业用地，不论新征用土地，还是利用原有企业的场地，都应计收场地使用费。"至此，我国结束了改革开放以前土地无偿使用、无流动和无限期的行政划拨使用模式，土地使用制度改革开始，国有土地使用从无偿向有偿转变。1986年，深圳市在原有土地有偿使用的基础上，开始探讨更深层次的土地管理体制改革，即开始试行拍卖、招标与行政划拨相结合的特区土地管理制度。公开拍卖、竞标投标提高了土地有偿使用效率，在加快土地成本回收和增加政府财政收入方面做了有益尝试。1988年1月，《深圳经济特区土地管理条例》由广东省人民代表大会常务委员会审议通过并颁布执行，土地出让制度首次以地方法规的形式出现。同年，《中华人民共和国宪法修正案（1988）》删去禁止土地"出租"的条款，并增加"土地使用权可以依照法律的规定转让"。至此，国有土地使用权的有偿使用和土地出让制度得到法律认可，收取土地使用权出让金成为土地有偿使用制度的主要形式。

随着土地有偿使用制度的逐渐形成确立，土地估价也逐渐产生，土地资产的价值逐渐被市场了解并接受。从20世纪80年代末期开始，随着各地土地出让收入逐渐增多，中央政府连续出台《关于国有土地使用权有偿出让收入预算管理问题的通知（1989）》；《关于加强国有土地使用权有偿出让收入管理的通知（1989）》；《关于国有土地使用权有偿出让收入上交中央部分有关问题的通知（1990）》等文件，开始参与土地出让收入的分配和管理，通过实行土地出让金收入在中央和地方分成的方式获取土地收益，最初设定的征收额分成比例为五五分成。这些也约束了地方政府层级对土地收益使用的权力。但是地方政府依然通过土地有偿制度的实施获得了大量土地收益。此后，土地收益逐渐开始成为地方政府财政收入重要组成部分。

1992年，财政部颁布《城镇国有土地使用权有偿收入管理暂行规定》，中央政府降低了土地出让国家收入分成比，地方政府获得了更大的收入支配权。属于人民币收入的，地方政府获得收入的95%，剩余5%收入归属中央；属于外汇收入的，按照外汇额度，在中央和地方政府间四六分成。尽管如此，行政划拨的土地供给方式在土地转让中仍然占有很大比重。行政划拨土地并没有增加地方政府财政收入，但是仍然理解为广义上的地方政府投资行为。行政划拨土地不但通过降低土地使用成本降低了社会资本投入成本，也完成了资源向资本的转化，对更好地利用多元化社会资本促进区域经济发展起到了积极作用。

2001年，中央出台《国务院关于加强国有土地资产管理的通知》，文件在明确需要严格控制建设用地供应总量，严格实行国有土地有偿使用制度的基础上，提出"大力推行国有土地使用权招标、拍卖和挂牌出让（简称'招、拍、挂'）"。同时文件要求加强土地使用权转让管理，各级人民政府和土地行政主管部门掌握土地审批和资产处置权力。地方政府有偿出让土地的积极性大幅提高，土地有偿出让率也随之提高；土地公开出让率也随之提高，2001年，土地公开出让率还不到总量的10%，2003年该比例就提高至接近20%。2004年后，房地产市场快速发展，土地资产价格上涨迅速，由于土地管理权由各级地方政府掌握，因此，其获得的土地出让收益为地方政府财政收入的增加提供了有力支撑。在此期间，地方政府层级的土地出让收益并没有转移至中央，中央政府只是通过监督、检查等方式加强了土地出让管理和土地出让收入使用。事实上，中央政府确认了地方政府代理国家进行城市土地管理的职责，地方政府成为土地出让制度的直接受益者。土地财政成为地方政府财政收入中的重要组成部分。

土地收入的增长势头在近年愈发猛烈。据财政部统计，2009年全国土地出让收入为 14240 亿元，占地方财政收入 32581 亿元的 43.7%。2010 年，随着各地房地产市场的继续上涨，土地市场供应规模增加，招拍挂出让比重上升，全年通过招、拍、挂出让土地 25.73 万公顷，占土地供应面积的 60.1%，再加之全国地价总体水平上涨，各地"地王"频现，全年全国土地出让收入达到 29397.98 亿元。土地出让收入超过地方财政收入的 70%，土地财政特点表现明显。

从地域性差异来看，由于各地区经济发展程度不同，土地市场发育状况各异，因此，各地区地价水平差异明显，由此带来的各地区土地出让收入差异很大。总体来看，经济发达地区土地市场发育完善，社会对土地需求的旺盛推动了地价高位运行，这些区域土地出让收入较多。以 2010 年为例，浙江、江苏、辽宁、山东、上海、广东、北京、福建、天津 9 个东部省份的土地出让收入达到 19269.17 亿元，占全国土地出让收入的 65.5%；西部 12 个省份的土地出让收入仅有 4471.68 亿元，占全国收入的 15.2%；剩余 10 个省份的土地出让收入占全总收入的 19.3%。

从时间差异来看，东部沿海地区从 2001 年开始高速增长；而经济欠发达地区土地上涨普遍从 2003 年才开始出现，土地上涨时间远迟于经济发达地区。同样，经济发达地区土地出让收入对地方财政收入的贡献也更加明显。2004 年，全国有 7 个省份的土地出让收入占地方财政收入比重超过 30%，其中有 4 个地区是东部经济发达省份。而新疆、青海、西藏、内蒙古等经济相对落后的地区，地方财政收入较少依赖于土地出让收入。土地出让转让收入在各地区间的差异更加剧了各地地方政府财政收入的不均衡，直接反映到经济建设中的表现就是地方政府投资资金规模的不同，从而加剧了区域间发展不平衡。

　　土地财政作为地方政府投资资金来源的可持续性很大程度上会受到中央政策和国民经济发展的影响，尤其是重要政策的出台容易对地方政府的土地出让行为和土地出让收入产生重大的影响。近年来，随着经济发展，土地市场化程度提高迅速，土地资产升值明显。中央政府开始加强对地方政府土地管理权和收益权的监督和规范，减少地方政府对"土地财政"的依赖。在此背景下，土地转让收益作为地方政府投资资金来源的重要组成部分，将会对后续地方政府投资产生比较大的影响。例如，在 2010 年，中央政府和地方政府为了遏制过快上涨的房价而出台了多项政策。受到政策影响，2011 年土地转让市场的流动性降低，土地需求受到影响，多地出现土地流拍和保障性住房土地的低价或免费供应，土地转让收益下降，直接影响到了地方政府财政收入情况和投资资金的可使用量。

四、地方政府融资平台

　　地方政府要承担大量的公共事务支出和为了区域发展所需要的必要投资。在预算内收入有限，并且资金使用受到严格管理的情况下，地方政府试图通过发行债券，承担债务运营的方式也受到了法律的严格限制。这在客观上使得地方政府需要融资平台来实现建设资金筹集。

　　地方政府融资平台公司产生于 20 世纪 80 年代。随着国有企业改革、外资引入、政府改革等多项措施的实施，地方政府通过划拨土地、股权、国债等资产，成立资产和现金流均可达到融资标准的政府投资公司具备了可行性，地方政府融资平台逐渐发展起来。地方政府融资平台以地方政府为发起人，通过上述措施成立公司，如地方城市建设投资公司等，并在市场上融资，必要之时，地方政府以财政补贴作为还款担保。筹集资金多用于市政工程、公用事业等项目建设。

　　根据中华人民共和国审计署办公厅 2011 年发布的《全国地方政府性债务审计结果》，截至 2010 年底，全国共有省级融资平台公司 165 家、市级融资平台公司 1648 家、县级融资平台公司 4763 家，共计 6576 家。其中以政府建设项目融资功能为主的 3234 家，兼有政府项目融资和投资建设功能的 1173 家，进行其他经营活动的 2169 家。截至 2010 年底，地方政府融资平台公司的债务额达到了 49710.68 亿元，占地方政府性债务余额的 46.38%。从政府层级来看，省级地方政府融资平台债务余额 8826.67 亿元，占地方政府融资平台债务余额的 17.76%；市级地方政府融资平台债务余额 26845.75 亿元，占比为 54%；县级地方政府融资平台债务余额 14038.26 亿元，占比为 28.24%。地方政府融资平台债务中，政府负有偿还责任的债务 31375.29 亿元，政府负有担保责任的债务 8143.71 亿元、其他相关债务 10191.68 亿元，分别占地方政府融资平台债务余额的 63.12%、16.38%、20.50%。由此可见，地方政府融资平台已经成为地方政府举债经营的重要途径，其债务规模显著影响了地方政府财政情况。同时，地方政府所承担的偿还责任、担保责任的债务占比接近 80%，这对后续地方政府偿债能力提出了很高要求。地方政府融资平台的运营情况对地方政府财政情况影响显著。

　　从积极意义上来看，地方政府融资平台有效地拓宽了政府融资渠道，能够吸收社会各种性质资本投入经济建设，提高资金流动速度。在解决地方政府缺乏项目投资资金，充分发挥地方政府投资的引导效应等方面发挥了巨大作用。具体来看，首先，地方政府融资平台为应对危机以及自然灾害方面提供了有效的资金支持。例如，2008 年汶川地震后，四川省迫切需要对省内铁路、高速公路、农村水利、农村电网等基础项目设施灾后重建。2009 年 1 月 21 日，四川省政府出资，在整合四川 22 家国有企业、省内煤矿等资源的基础上成立了四川发展（控股）有限责任公司，注册资本达 800 亿元，是四川省最大的政府融资平台。这对四川省加快灾后重建，推动投融资体制改革等方面更发挥了重要作用。其次，从 2010 年底全国地方政府性债务余额已支出的投向情况来看（见表 3-5），除了投资市政建设、交通运输等公共基础设施建设之外，地方政府对科教文卫、保障性住房、农林水利建设以及环境保护的投入超过 1.6 万亿元，占所有债务支出的 17.2%，对保障和改善民生问题提供了有力的资金支持，发挥了积极的作用。投资生态建设和环境保护工作，可以有效地改善生态环境，并推动经济发展方式的转变；对于市政建设、交通运输等基础设施投入的力度比较大，可以很好地美化市容市貌，优化投资环境，提高人民生活水平，促进本地经济社会发展，并为今后区域内经济更好更快地发展奠定良好的基础。

表 3-5   2010 年底全国地方政府性债务余额已支出投向情况

债务支出投向类别	债务额（亿元）	比重（%）
市政建设	35301.04	36.72
交通运输	23934.46	24.89
土地收储	10208.83	10.62
科教文卫、保障性住房	9269.02	9.54
农林水利建设	4584.10	4.77
生态建设和环境保护	2733.15	2.84
化解地方金融风险	1109.69	1.15
工业	1282.87	1.33
能源	241.39	0.25
其他	7575.89	7.89
合计	96130.44	100.00

资料来源：中华人民共和国审计署办公厅：《全国地方政府性债务审计结果》（审计结果公告 2011 年第 35 号，总第 104 号）。

根据《全国地方政府性债务审计结果》以及目前各地的实际

操作，地方政府融资平台目前在运营中存在一些问题：一是违规抵押或者质押问题显著。截至 2010 年底，融资平台公司违规抵押或质押取得债务资金 731.53 亿元。此外，一些政府机构违规为融资平台公司提供担保，来获得投资所需资金。在 2011 年 3～5 月，审计署对全国地方性债务情况全面审查的工作中，共计发现 7 个省级、40 个市级和 107 个县级政府及所属部门，在《国务院关于加强地方政府融资平台公司管理有关问题的通知》下发以后，仍以出具承诺函、宽慰函等形式或以财政收入、行政事业单位国有资产等违规为融资平台公司等单位举借债务提供担保 464.75 亿元。二是融资规模大，存在偿债风险隐患。截至 2010 年底，融资平台公司政府性债务余额占地方性债务余额的 46.38%。从债务偿还方面看，358 家融资平台公司通过借新还旧方式偿还政府负有担保责任的债务和其他相关债务 1059.71 亿元，借新还旧率平均为 55.20%，有 148 家融资平台公司存在逾期债务 80.04 亿元，逾期债务率平均为 16.26%。三是部分融资平台公司管理不规范，截至 2010 年底，有 1033 家融资平台公司存在虚假出资、注册资本未到位、地方政府和部门违规注资、抽走资本等问题，涉及资金 2441.5 亿元。四是部分融资平台公司盈利能力弱，由于融资平台公司举借的债务资金主要投向回收期较长的公益或准公益性项目，盈利能力较差，有共计 1734 家融资平台公司出现亏损，占 26.37%。此外，还存在融资平台数量多、部分融资平台公司债务监管不到位、资金使用不规范等问题。

五、其他地方政府投资资金来源

（一）处置国有资产收益

1997 年，中央政府提出了要对国有经济战略性调整，按照"产权清晰、权责明确、政企分开、管理科学"的要求对国有大中型企业实行公司制改革，同时，继续鼓励对国有资产采取承包经营和股份合作制、出售等形式。1999 年，中央进一步提出要实现国有经济布局战略性调整，要"有退有进、有所为有所不为"。地方国有企业的出让为地方政府带来了一定的收入，但是国有企业的转让收益也存在定价不准确，以致产生国有资本流失的情况。但不可否认的是，国有资产通过转让，在更大程度上实现了资源的有效利用，有助于实现国民经济的结构调整。处置国有资产收益在 20 世纪 90 年底后期和 21 世纪初期曾因国有企业的改制重组而占据了一定比例。但是此期间以外，国有资产处置的收益并不是的地方政府资金来源的重要部分。

（二）地方债

除了地方政府融资平台之外，我国目前也存在地方政府债券和上级财政转贷等方式的地方债。我国地方政府债券的发展历史大致经历了三个阶段：新中国成立初期的地方债券，比如 1950 年前的"东北生产建设折实公债"；改革开放后的地方债券，主要是通过"国债转贷地方"的方式为地方政府融资；以及 2009 年后地方债的改革。

我国预算法规定地方政府未经国务院许可不能发行地方债。这也是地方融资平台产生的原因之一。1998 ~ 2003 年国家筹集的8100 亿元国债投资建设资金中，通过"国债转贷地方"的方式，有 1/3 以国债注入地方政府投资领域，但是市场上仍然没有地方政府直接发行的债券。2009 年，为了应对中央政府 4 万亿元的投资计划，财政部下发了《2009 年地方政府债券预算管理办法》，文件规定："经国务院批准同意，以省、自治区、直辖市和计划单列市政府为发行和偿还主体，由财政部代理发行并代办还本付息和支付发行费的 2009 年地方政府债券。"根据此管理办法，同年发行2000 亿元地方债券，期限三年。此次地方债的发行是为了应对国际金融危机所采取的保障经济增长的重要举措之一，在地方政府融资渠道扩展方面做出了积极尝试。2011 年 10 月，经国务院批准，财政部下发《2011 年地方政府自行发债试点办法》，上海、浙江、广东、深圳开展地方政府自行发债试点。试点省（市）在国务院批准的发债规模限额内，自行组织发行本省（市）政府债券的发债，由财政部代办还本付息。根据《2011 地方政府自行发债试点办法》规定，四省市合计发行 229 亿元地方债，地方债作为满足地方政府资金需求的新手段开始被关注。

除此之外，随着外国投资在我国经济中作用越来越大，采用转贷方式，地方政府投资项目纳入国家利用国际金融组织和国外政府贷款备选项目规划和签约计划等也是地方政府利用外资促进经济发展的有益途径。

第四节　地方政府投资领域和方式

一、政府投资范围及其划分

（一）政府投资范围

一般来说，政府投资主要集中于具有非竞争性和非排他性的社会公共产品，外部效应显著的准公共产品，以及投资金额大，投资回收期长的基础设施行业等方面。从而满足社会需求，实现资源调节和社会公平。政府投资公共产品主要涉及诸如科、教、文、卫、国防等方面，这些投资往往只有政府这一单一的投资主体。准公共产品主要涉及农林牧副渔、水利、交通、城市公用设施等方面。随着我国经济发展和经济体制改革，这些准公共领域内逐渐形成了政府投资、社会投资并存的多元化投资主体结构，但是政府投资主导作用依然明显。

在 1992 年以前，我国社会主义市场经济并未正式确立，政府投资在各行业中投资地位非常显著，社会资本利用率不高。在 2001 年加入世界贸易组织后，投资资金的来源更加广泛，政府投资在社会固定资产投资中所占有的比例逐渐降低，政府投资引导作用和示范效用更加重要。同时，面对着国际复杂的政治经济形势和加入世界贸易组织对我国国民经济不同行业所带来的挑战，政府投资更加侧重于对于整个经济结构的调整和实现产业结构的升级。为了更好地反映政府投资在各行业中的比重和社会投资在各行业中的投入。笔者选择 2000 年以后政府分行业投资的数据作为研究对象，考虑到数据的可获得性，观察 2004 年、2006 年、2008 年及 2009 年政府投资在各行业间的分布。这里的政府投资包括统计口径上的国家预算内资金和自筹资金。详见表 3 – 6。

表 3 – 6　　　　　　政府投资在国民经济各行业的分布　　　　　单位:%

行　　业	2004 年	2006 年	2008 年	2009 年
全国总计	100	100	100	100
农、林、牧、渔业	1.29	1.43	1.72	2.02
采矿业	4.65	5.55	5.45	5.03
制造业	28.78	33.52	36.51	36.10
电力燃气水的生产供应业	7.47	6.62	5.68	5.64
建筑业	1.13	1.07	1.03	0.98
交通运输、仓储和邮政业	10.62	10.28	8.62	9.04
信息传输、计算机服务和软件业	4.16	2.66	1.88	1.70
批发和零售业	2.47	2.67	2.71	2.87
住宿和餐饮业	0.93	1.23	1.42	1.48
金融业	0.22	0.18	0.22	0.26
房地产业	3.13	16.65	18.06	16.95
租赁和商务服务业	15.33	0.91	0.93	1.08
科学研究、技术服务和地质勘查	0.71	0.61	0.59	0.73
水利、环境和公共设施管理业	8.72	8.21	8.31	9.08
居民服务和其他服务业	0.23	0.25	0.27	0.33

行　　业	2004 年	2006 年	2008 年	2009 年
教育	3.40	2.57	1.86	1.91
卫生、社会保障和社会福利业	1.00	0.94	0.90	1.08
文化、体育和娱乐业	1.17	1.09	1.21	1.27
公共管理和社会组织	4.60	3.56	2.62	2.47

资料来源：国家统计局：相关年份《中国统计年鉴》，中国统计出版社。

　　从表3-6可以看出，我国政府投资大多集中在制造业，房地产业，交通运输、仓储和邮政业以及水利、环境和公共设施管理业。这几项行业的投资占到了全部地方政府投资的50%以上。这些行业一直是我国经济的支柱，而且或多或少的具有某些自然垄断的特点，政府可以在提供设施和服务方面发挥重要作用。因此，大规模的政府投资流向这些领域是对经济调控的必然选择。尽管由于政府失灵可能会导致资源在这些行业中并没有得到有效配置，但是总体看来，政府在这些产业投资较多还是具有一定合理性的。

　　值得注意的是，我国政府在科、教、文、卫领域内的投资比重相对较低。这些行业广泛具有准公共产品和较高外部效应的特点。同时，科教文卫事业作为提高国民素质的基本保证，往往具有一定的公平分配的作用。政府投资是科教文卫事业发展的重要资金来源。从发达国家的发展历史来看，随着经济的不断增长，政府在科教文卫事业投入的范围和规模会逐渐增大，在经济发展到相当水平时，这些具有准公共产品性质的服务会逐渐转为公共产品，如全民的免费医疗。此外，在直接关系到民生的居民服务和其他服务业一项中，政府投资也是逐年增加，居民服务和其他服务业在全部政府投资中的占比从2004年的0.23%提高到了2009年的0.33%。另外一项具有公共产品性质的行业数据也值得我们注意，公共管理和社会组织在全部政府投入中的比例逐年下降，该数据从2004年的4.6%下降至2009年的2.67%，下降明显。这也能充分反映出，伴随着经济体制改革，我国的政治体制改革也在向前迈进，这种社会政治体制的改革在提高了政府监管效率的同时，也节约了更多政府投资资金以投入其他领域，促进经济发展。总体而言，我国政府对于公共领域和准公共领域范围内的投资在全部政府投资中的比例还是相对较少的，但是这个比例在不同年份间也表现得比较稳定，体现出政府投资在某些公共领域受到硬约束的特点。

从政府对经济结构调整的角度来看，政府投资也是最直接的工具和表现手段。随着我国经济从传统能源消耗大、资源密集型特点明显向高科技、服务型、资本密集型和技术密集型经济的转型，第三产业在整个国民经济中的比重越来越高。政府投资在这些行业内的更大规模的投入也有助于推动我国经济转型和产业升级。比如在具有典型性的批发和零售业、住宿和餐饮业以及金融业中，政府投资的比重在逐渐增大，批发和零售业在全部行业政府投资中的占比从 2004 年的 2.47% 上升到 2009 年的 2.87%，住宿和餐饮业占比从 2004 年的 0.93% 上升到 2009 年的 1.48%，尽管金融业的占比在 2006 年有所下降，但是在 2008 年和 2009 年均保持上升，且超过了 2004 年和 2006 年的水平。这些产业具有较强的竞争性，市场调节是这些行业内资源配置的主导规律。因此，政府投资在这些具有竞争性行业中的投入比例较低。但是，逐年增加的政府直接投资所引发的示范效应和引导效应可以更好地实现产业结构升级。这也充分表现出，政府从经济形式、区域发展目标、产业调整目标等多种角度出发，通过在不同产业间分配资源，解决经济结构不均衡、产业和区域发展不均衡等问题，在竞争性行业中，对市场调节形成了有益补充。这些行业中的政府投资体现出很强的政策导向性。

（二）中央政府和地方政府层级投资的划分

我国《宪法》和《中华人民共和国地方各级人民代表大会和地方各级人民政府组织法》分别对中央政府和地方政府的职责和权限做出了划分。但是在政府投资行为中，各层级政府职责的划分在不同的历史时期均有不同。概括来说,对于各级政府投资层级的划分可以从政府职能的角度出发,这也是划分中央政府投资和地方政府投资的制度基础。在职能划分基础上,根据不同层级政府职责的需要配套相应的事权和资源,从而形成完整的政府投资体系。中央政府层级工作的基础目标是保持我国经济稳定增长,因此,同稳定密切相关的财政政策、货币政策、内在稳定器和相机抉择政策在很大程度上都由中央政府控制。在这其中,中央政府投资对于烫平经济周期有着不可替代的作用。除了保持经济稳定增长之外,中央政府通过社会再分配调节公平问题也是中央政府层级的重要工作。通过改革开放,东部沿海地区成功走上了经济发展的"快车道",而基础设施较差的西部地区却没能像东部地区一样飞速发展,东西部经济不均衡的问题越来越引人关注。在区域经济发展不均衡的问题上,地方政府层面的调节往往是低效的。如果把再分配的职责划分给地方政府,那么通过差异化的税收和差异化的转移支付制度会使得生产要素向本来就已经具备了很多竞争优势的东部沿海地区流动,反而加剧了区域发展不均衡的问题。因此,从政府职能的权限来看,维持经济稳定和社会再分配的职责大多由中央政府层级承担。除了维持经济稳定和社会再分配之外,政府还需要承担的一项职责是对资源的配置,这也是我国经济体制改革和投资体制改革的重要内容,是社会主义市场经济条件下,对市场在资源配置中起基础作用的有益补充。中央政府可以在全国范围内配置资源,主要表现在提供公共物品,全国性质的基础设施建设等。但是资源配置本身就有一定的地域性特点,地方政府在资源配置方面更比中央政府更有针对性,例如,对于地方性公共基础设施的建设,地方政府对区域的情况了解更清楚。因此,从政府职能的角度来看,中央政府通过政策手段承担维持经济稳定和社会再分配的责任,而地方政府遵照中央政府政策,承担区域内经济稳定和一定程度的社会再分配责任外,通过调节区域内配置资源为区域经济发展提供条件。

从行业投向来看,国家发展和改革委员会投资司等单位于

2005 年发表的《中国投资报告》研究表明："在 14 个国民经济大行业中，中央政府和地方政府的投资相似度高达 0.96。"① 由此可以判断，地方政府投资也在大多集中在以制造业，房地产业，交通运输、仓储和邮政业以及水利、环境和公共设施管理业等行业，而这些行业也正是对我国经济拉动效应比较明显的行业，也印证了之前笔者所做出的地方政府通过地方政府投资来促进区域经济增长的判断。在这种情况下，地方政府和中央政府投资项目重复建设程度高，也容易引发投资过热的现象。因此，笔者认为：尽管地方政府由于自身职能局限性所限，并没有像中央政府一样在保持稳定和社会再分配方面承担很大的职责。但是地方政府在通过投资促进经济增长和按照中央政策实施产业结构调整方面承担了重要作用。

在公共物品提供方面，区域性的公共物品提供应当主要由地方政府提供。但是许多公共物品本身就有一定的外溢性，例如，对于江河污染的治理，一个地区的治理往往会受益到多个地区。再加之生产要素在社会中的流动，如外来人口子女教育问题，这就使得公共物品层次的划分普遍缺乏精确性，实践中也存在着中央政府同地方政府在提供公共产品的划分上具有复杂性和交叉性的情况。结合这些实际情况，政府投资在提供公共物品层级的划分，主要可以分为中央政府提供公共产品范围、地方政府提供公共产品范围和中央与地方共同承担提供公共物品范围。在地方政府提供公共产品范围中，主要包括区域性强、辖区受益的项目，如地方行政、社会治安、地方道路、市政基础设施建设等，地方政府投资自主权较大，但是对应的投资资金也需要由地方政府自行解决；在中央与地方共同承担提供公共物品范围中，主要包括收益外溢效应明显，需要中央政府协调，各地方政府协作的项目或者大型社会福利、公共服务项目，以及需要中央政府和地方政府进行分担费用。

---

① 国家发展和改革委员会投资研究所等：《2005 中国投资报告》，中国计划出版社 2005 年版，第 138 页。

二、政府投资方式

政府投资的根本目的是利用有限的公共资源支出来实现高效的经济发展和有限资源的最佳配置。合理选择政府投资方式有助于最大限度发挥地方政府投资中的投资效率。政府投资方式一般是指政府利用自身可控的资源来实现公共财政建设目标的方法和手段。从具体内涵来讲，首先，政府投资方式应当是为了实现投资目的的工具，比如，直接投资和资本金注入；其次，政府投资方式应当是对公共资源进行优化配置的手段，比如，政策性贴息、财政补贴和贷款等；再次，政府投资方式是为了完成投资既定目标的解决方案；最后，投资方式应当还包括出于宏观经济调控的需要所进行的必要的调节措施，比如，财政补贴，税收优惠等。我国在加入 WTO 之后，随着经济体制改革和投资体制改革，政府投资行为科学性、规范性增强。政府投资更加关注利用有限的公共财政资源，获得更大的投资效益，实现投资的社会效益最大化。

首先，由于公共资源有限，伴随着投资体制改革，政府职能逐渐由"全能型"向"有限性"过渡。尤其在加入 WTO 之后，随着经济不断发展和"国退民进"情况的出现，政府，尤其是地方政府在促进经济发展的过程中，更倾向于采用间接投资，不过多运用直接投资的方式"与民争利"。转而将为社会资本发挥作用提供便利服务，为社会资本投资提供良好市场环境，消除社会资本流动壁垒作为政府的主要管理目标。政府投资成为投资环节中的先导资源，再通过杠杆效应吸引更多社会资本的配套，充分发挥乘数效应。其次，在公益性建设领域，政府财政投资压力增大，尤其是地方政府财政投资压力大的客观事实不容回避。为了满足社会各方面的公共投资需求，根据成本效益分析、项目可行性研究，做出合理的投资决策是十分必要的，也就是所谓的"少花钱多办事"。

（一）直接投资与间接投资

政府投资的方式可分为直接投资和间接投资。直接投资主要是指政府通过财政支出、财政拨款等形式直接提供产品和服务，其本质体现了政府利用公共部门资源满足社会公共需求的行为，财政直接投资和资本金注入是最直观的表现。这类投资往往属于刚性投资，不能随意停止支付。直接投资往往用于公共领域，通过投资这些公共领域，政府能够部分解决"市场失灵"问题。地方政府通过投资公共领域，在解决"市场失灵"问题的同时，也改善了人民生活，提高区域竞争力，是影响当地区域经济发展和社会发展的重要因素。因此，直接投资是地方政府调控区域范围内经济的重要手段。

地方政府也会通过投资补贴和贷款、担保、税收优惠、土地优惠等多种间接投入的方式吸收社会资本金投入政府鼓励的投资方向，实现政府对经济的调控。与直接投资不同，间接投资并没有直接提供产品和劳务，而是政府利用再分配将资源分配给了社会投资者，并通过社会资本投资实现社会效益和经济效益。在地方政府层级，政策性金融使用范围并不如中央政府层级那样广泛，尤其是诸如政策性贷款方面，地方政府的影响力度很小。但是，地方政府仍然可以通过担保、争取银行贷款额度等方式为区域内企业获得贷款。在间接投资领域，税收优惠是地方政府最常用的方式。比如，近年来，中央政府和多地地方政府都出台了对于辖区内高新技术企业的认定政策和包括所得税减免、研发费用抵减、经营场地租赁抵税等多种税收优惠政策。这种方式直接减少了地方政府的财政税收收入，间接形成了对建设项目的投入。间接方式的地方政府投资并不会解决市场调节效率问题，更多的是为了实现经济结构调整和形成区域经济的竞争力。首先，地方政府投资决策中有很大一部分是为贯彻中央政府对于经济调控，尤其是经济结构、产业结构调整的战略。比如，按照中央政府对经济调控的目标，利用税收优惠、配置科技型企业上市专项支持资金等多种方式支持资本密集型、技术密集型弱小产业的发展。其次，地方政府的投资也有助于对社会资本的进入形成引导作用。比如，在资本密集型行业往往会存在天然的垄断壁垒。壁垒的存在很好保护了这些企业在初期的发展，但是也间接降低了市场竞争程度和社会资本的流入。一方面，地方政府可以通过投资的示范效应对社会资本的投入产生促进作用，使得资本来源更加多样化；另一方面，地方政府也可通过间接投资来弱化垄断壁垒，促进市场的良性竞争。最后，地方政府的间接投资方式有助于推动区域主体功能区的建设，实现区域内产业升级，优化经济结构布局，提高地方政府公共服务能力，促进区域经济内生增长。主体功能区的形成是促进区域间协调发展，合理划分经济布局，提高资源利用率，促进区域内经济内生增长的有效途径。地方政府对本地方区域特点有着更加深刻认识，对如何发展主体功能区域，明确地方政府投资要根据自身主体功能区的特点，引导优化开发区域，限制不符合主体功能定位产业的发展扩张，同时利用有限的资源改善区域内产业结构层级，提高产业和区域竞争力，实现经济又好又快增长。

（二）投资项目特点对政府投资方式选择的影响

地方政府投资方式的选择与投资项目的特点和领域相关，根据不同投资项目的特点和目标，地方政府可以采取财政投资、财政补助、政策性金融和税收优惠等多种方式，见表 3-7。政府投资中无偿投入占比较高。无偿投入的政府投资更多是为了满足社会对公共物品的需求，实现资源的公平配置，降低社会资本投入成本，拓宽投资资金来源。但是，也有部分政府投资项目具有准公共物品的性质。在这类公司中，有些是以政府为主导的公司。为了保证这些公共物品的供给，同时考虑政府投资资源的有限性。政府往往对这类投资具有有偿要求。通过有偿投入，形成对公司的约束，在保持对公司的必要控制力的前提下，吸引社会资本投入满足社会对准公共物品的需求。

表 3 – 7   政府投资方式比较

项目	政府投资		投资补助	金融支持	税收优惠
	直接投资	资本金注入			
实现手段	预算拨款土地划拨资产划拨基金投入	投资资本土地入股资产入股	财政补贴研发委托等	贴息、担保、政策性贷款等	特别折旧、进口设备税收减免、所得税减免、税前扣除研发费用
特点	无偿投入	有偿投入	无偿投入	无偿投入	无偿投入
范围	公共物品领域，如义务教育、农村道路	准公共物品领域，如收费公路、水利、需要发挥国有经济控制力的经营性领域	私人物品领域，如高科技产品	私人物品领域	私人物品领域，如高科技产品
目标	实现社会效益最大化，弥补市场失灵	既有社会效益，又有不明显的经济效益	对外部性投资效益内部化的补偿，弥补市场失灵、低效	放大竞争性领域的投资效益，间接实现国家产业政策目标	放大竞争性领域的投资效益，间接实现国家产业政策目标
功能	实现公平的资源配置、稳定经济、社会公平	改善财务结构、保持必要控制力、吸引社会投资	弥补外部效益与市场失灵、低效；促进公平配置、放大社会投资	降低民间投资的成本与风险，使其效益更好，积极性更高	减少民间投资风险，降低民间投资的成本，提高民间投资收益
使用原则	优先安排、不可替代	关键性领域，滚动不分红	扶弱、扶新、扶优、扶小原则	量力原则、扶弱原则	量力原则、扶优助弱原则

政府投资的项目可以大致分为三大类，公共物品项目、准公共物品项目和私人部门项目。三大类项目从社会效益，行业分布都有显著的不同。政府投资在这些项目所需要承担的责任并不相同。因

此，政府投资所利用的方式也有所差异，具体见表 3 - 8。为了满足社会对公共物品和部分准公共物品的刚性需求，政府通过资产划拨和资本金注入等方式的直接投资往往是优先安排。除此之外，部分准公共物品和私人部门物品对政府投资需求并不是刚性的，政府对于这类的投入往往是通过间接投资方式量力而行。政府投资间接方式主要以引导为主，手段更加丰富，适应范围也更广，更能发挥市场机制在经济中的调控作用。由于各地地方政府资源不均衡，因此，地方政府利用间接方式对部分准公共物品和私人部门的投入程度也有所差异，这也是造成我国区域间发展不平衡的原因之一。

表 3 - 8 不同产品项目的综合分析

项目	公共物品项目	准公共物品项目	私人部门项目
项目特点	社会效益高而经济效益低	承担部分公共职能、具有明显的外部性	社会效益较弱而经济效益较高
投资范围	科、教、文、卫、体、广电、气象等设施；基础科研；公检法司等政权设施；政府、社会团体、国防设施等领域	农、林、牧、渔、水基础设施；能源、交通、邮电、运输业；基础原材料、收费公用事业、高等教育、医疗服务等社会事业	根据政府经济决策确定，不同时期行业也许不同
投资主体	由政府承担，以财政投入为主	由社会团体与企业为主，政府部门适当补贴或投资引导	由企业承担
投资方式	主要采取投资拨款、土地划拨、资产划拨等方式	资本金注入和产业补助为主，贴息、政策性金融等间接投资方式为辅	主要采取贴息、担保、政策性金融等间接投资方式
实现功能	弥补社会效益、弥补市场失效、低效，促进公平配置	弥补社会效益、弥补市场失灵、低效，促进公平配置	降低企业投资的商务成本、技术进步成本与社会成本
使用原则	优先、不可替代、刚性	有效引导、关键控制	效率优先、量力而行

从表 3 - 7 和表 3 - 8 可以看出，作为经济调控中的重要手段之

一，现行政府投资方式的选择同投资项目的类型密切相关。这样的安排也充分体现出社会主义市场经济体制的特点。对于具有刚性需求的公共物品，政府通过直接投资满足需求是政府职能的具体体现；而对于准公共物品和私人部门产品，政府通过间接投资的方式重点突出经济管理的职能。通过建立完善的市场竞争机制，利用有效的引导和控制，充分发挥市场的作用，实现社会资源的更高效配置。

第五节　地方政府投资决策机制与监管

一、我国地方政府投资的决策机制

政府投资决策是指政府投资策略、投资方法或投资内容的决定。从我国政府投资管理实践来看，政府投资决策包含宏观层面的决策，也包含微观层面的决策。在宏观层面，政府投资决策主要表现为制订投资规划或计划，如投资总规模，投资资金在不同行业、部门和区域的分配等。在微观层面，政府投资决策主要是指投资项目从项目策划、可行性研究、初步设计到正式开工建设之前的确定过程。

在投资决策的过程中，涉及多个决策部门和管理部门相互协同配合。发展改革部门是各级地方政府的投资主管部门，负责审查投资项目建议书、可行性研究报告，审批年度投资项目计划以及对投资综合管理。财政部门负责对投资项目的财政资金进行监督管理。国有资产、规划、国土房屋、建设、环保、审计、监察等相关行政管理部门在各自职责范围内，分别承担投资项目的监督和管理工作。

（一）地方政府投资规划决策程序

我国现行的地方政府投资规划决策程序主要要经历申请立项、审查计划、编制草案、审议通过等多个环节。首先是投资规划的申请。各行业行政管理部门向投资主管部门申报本部门主管的年度投资计划项目。而后，由投资主管部门会同财政等有关部门，对各相关行政管理部门申报的年度投资项目进行审查。在综合考虑国民经济、社会发展要求以及地方政府财力等因素的基础上，根据政策法规和该地区国民经济和社会发展中长期规划，充分听取公众意见的基础上，编制提出年度投资项目计划草案，并报本级政府审核。年度投资项目计划草案编制完毕后，由本级人民政府将年度投资总规模、重大项目计划纳入年度国民经济和社会发展计划草案，并提交人民代表大会常务委员会进行审查，提出初审报告。投资主管部门负责解释说明投资项目计划草案编制有关问题。年度国民经济和社会发展计划草案经本级人民代表大会审查批准后，由人民政府下达至年度投资项目计划，并送本级人民代表大会常务委员会备案。至此，年度投资规划完成。在确定投资规划后，地方政府将年度投资总规模和重大投资项目计划向社会公布，接受社会的监督。

地方政府投资规划是区域发展规划的纲领性文件之一，投资规划的制定需要多个政府部门共同研究，协调配合。因此，地方政府投资规划往往可以反映出该地区的整体实力和发展思路。通过切实落实该投资决策过程，可以提高投资规划的科学性和可行性。

（二）地方政府投资项目决策程序

1. 采用直接投资、资本金注入方式的政府投资项目决策机制

直接投资、资本金注入方式的投资项目属于政府直接投资范畴，投资决策更加注重投资的合理性。项目建议书、可行性研究报告、初步设计是项目决策的基础和依据。同时，对于对经济、社会和环境有重大影响，涉及重大公共利益的项目，社会公众的参与程

度也有助于提高项目决策的合理性。对于特别重大的项目，实行专家评议制度也是项目审批过程中不可或缺的环节。

项目建议书由取得相应资质的工程咨询机构编制，体现第三方咨询机构的独立性。项目建议书中需要对项目拟建地点，产生的经济效益和社会效益进行初步论证，重点说明项目建设的必要性和可行性。此外，项目建议书还需要对项目规模，资金需求加以估算，并合理安排资金筹措方式，保证项目建设可行。项目建议书获得批准后，以此基础编制可行性研究报告。

项目可行性研究报告也由取得相应资质的工程咨询机构编制。可行性研究报告在项目建议书的基础上重点对项目在技术和经济上的可行性和经济性加以论证，并需要对项目的投资进度、社会效益、环境影响、资源利用、项目建设运行保障条件等多方面进行全面分析论述。在此基础上，项目可行性研究报告需要由专家组把关，对报告评价验收。可行性研究报告不但是确定建设项目、进行初步设计的依据，也是政府对项目做出投资决策的基本支持文件。

可行性研究报告经批准后开始初步设计。初步设计是可行性研究的具体细化，设计需要对建设内容、建设规模、建设标准、支出概算和主要技术参数进行详细说明。初步设计也需要经过专业机构的审核评定，并根据初步设计确定投资概算和项目支付进度。初步审计是政府投资进度的依据，也是评价考核控制政府投资的依据。

通过项目建议书、可行性研究报告和初步设计三个阶段，地方政府在投资决策环节的制度设计上基本保证了投资决策的科学合理性。尤其是第三方独立机构介入项目论证、评价、设计、验收等环节也是保证地方政府投资科学性的有益补充。

2. 以投资补助、转贷、贴息的方式安排政府投资资金的决策机制

以投资补助、转贷、贴息的方式安排政府投资资金的，在投资决策过程中更加注重政策合规性。因此，地方政府的决策并不是确定是否对某个企业进行投资补助、转贷、贴息等。而是明确哪些范围企业符合享受投资补助、转贷、贴息的要求。有需求的企业向政府投资主管部门提交资金申请报告，说明项目单位的基本情况、建设项目的基本情况、是否符合申请资金政策以及拟申请资金的用途。投资主管部门根据企业提交资料判断其要求合理性，对于符合政策需求，均予以支持。由于这类政府投资是间接投资方式，投资范围也往往在准公共物品领域和私人部门领域居多，市场调节占主导地位。因此，对于投资经济性的判断并不是投资决策的重点内容。

二、地方政府投资决策的监督机制

各级人民代表大会及其常务委员会对政府投资依法进行监督。地方政府应当在年初将上一年度投资计划的执行情况，纳入上一年度国民经济和社会发展计划的执行情况，向本级人民代表大会报告；在年中将本年度上半年投资计划的执行情况，纳入本年度上半年国民经济和社会发展计划的执行情况，向人民代表大会常务委员会报告。人民代表大会常务委员会可以依法对年度投资重大项目计划的执行情况进行视察、执法检查、听取和审议政府的专项工作报告、组织特定问题调查。投资主管部门对年度投资项目计划执行情况的监督检查，并对计划的实施进行协调，向人民政府报告计划执行情况。

地方政府各有关行政管理部门根据各自职责对其负责的投资项目不同方面进行监督检查。建设单位应当将投资项目执行过程中的有关情况和信息及时向其行政主管部门报送。各行政主管部门在汇总本部门投资项目的信息后，向投资主管部门、统计部门报送。投资主管部门应当在汇总重大投资项目的信息后，向人民代表大会财政经济委员会报送。重大项目稽查部门负责对重大建设项目基建程序、招投标情况、建设进度和投资控制进行稽查。财政部门依法对政府投资涉及的财政资金的拨付、使用、效益情况进行监督检查。

审计机关依法对投资项目进行审计监督。政府投资项目的建设单位、在招标文件以及合同中明确，对纳入年度审计项目计划的政府投资项目，审计机关出具的审计结果应当作为该政府投资项目价款结算的依据。监察机关依法对国家行政机关及其公务员和国家机关任命的其他人员在投资过程中的行为进行监察。此外，鼓励公众和新闻媒体对投资项目进行监督。

由此可以看出，我国已经建立了相对完善的政府投资决策和监管体系。这既有内部政府部门间的相互协同和监管，也有外部监管力量的参与和独立第三方中介机构的介入。而且，我国现行的政府管理中体现出垂直管理和水平管理共存的特点，各职能部门可以根据各部门的实际需求提出投资计划，并通过各个部门之间互通信息提高投资的有效性。但是，从实际的操作来看，由于部门之间存在信息不对称，部门之间的沟通并不完全畅通，各个部门出于自身的需求都想方设法争取投资。这造成了部分信息不真实和信息流动不畅通的情况，同时影响到了投资决策的科学性。同时，投资决策过程中，包括财政、国有资产、规划、国土房屋、建设、环保、审计、监察等在内的多个行政机关均需要参与其中，这也容易造成由于投资决策效率偏低，单个部门因素影响整个投资规划进度的情况。

第六节 地方政府投资项目建设管理模式

界定政府投资项目的主要依据是项目投资资金来源。对于政府财政性资金投资的项目都可以认为是政府投资项目，更广义的来看，用财政性资金作为还款资金和保证的举债投资项目也应当被认为是政府投资项目。随着投资和建设管理体制改革的深入，政府投资项目的管理模式也发生了很大的变化，政府投资项目的质量、工期、投资、环保和安全等问题的控制和管理工作总体上取得了很大的进展。

一、建设工程项目指挥部模式

建设项目的指挥部是建设项目确定后由政府指派的临时性项目建设管理机构，负责项目规划方案和实施方案的审核、项目实施过程中重要事项的协调和重大事项的决策、项目招投标监督检查、项目预决算的审核以及项目资金筹措等工作。项目建成验收后，将其交付指定机构负责营运管理，就完成了使命。指挥部实际上起着工程总承包商的作用。① 这种模式的优点在于其协调力度大，针对性强，便于听取多方意见，从而能够集中力量较快地完成项目。其缺点主要是临时性太强，管理成本比较高，不利于项目管理经验的积累。例如，2012 年浙江青田县审计局对全县"三十工程"项目管理、实施情况进行了专项审计调查，该县重点工程项目普遍采取了指挥部管理模式，在审计过程中发现了许多亟待规范的问题。一是机构管理成本高。从该县审计局的审计调查结果来看，大部分的工程指挥部项目管理费用都超过了投资额的 2%，甚至有个别项目的管理费用达到了 5.7%，而该县的代建制试点项目体育中心工程的代建费是设计概算中建筑安装投资额的 2%，与代建制模式相比，工程项目指挥部模式管理费用偏高。二是专业的工程管理技术人员偏少。该县审计局调查发现，大部分项目指挥部只有 1~2 名人员参与工程管理，个别指挥部甚至没有专业人员管理。根据统计，调查的 33 个项目指挥部中，仅有 39 名工程技术管理人员，比重占总人数的 11%。三是由于人员经常流动，管理难度比较大。调查发现，工程指挥部的人员大部分是从各单位临时抽调的，身兼数职，或者是从社会招聘的临时人员，导致了队伍不稳定，人员流动快，缺乏责任心，工作开展难度大。四是人力资源浪费。审计过程中发

---

① 柴君、傅俊卫、李培亮：《对我国政府项目管理方式的探讨》，载《价值工程》2003 年第 2 期，第 7 页。

现，工程项目施工高峰期，需要的管理人员比较多，在施工基本完成后到工程指挥部撤销这一阶段，需要的管理人员较少，但是在实际情况中，项目建设完成后，部分不再需要的指挥部人员长期留置，指挥部的人员数量从成立到最后撤销都没有改变，这就造成了后期人力资源以及管理成本的浪费。

二、项目法人责任制模式

根据《关于实行建设项目法人责任制的暂行规定》，项目法人责任制是指"经营性建设项目由项目法人对项目的策划、资金筹措、建设实施、生产经营、偿还债务和资产的保值增值实行全过程负责的一种项目管理制度"。另据《关于实行建设项目法人责任制的暂行规定》和地方政府关于实施建设项目法人责任制规定或管理办法，通常由安排投资的政府部门指定法人单位或采用招投标方式确定项目法人，设立流程如图 3－2，董事会、监事会成员、总经理名单注册登记，需报项目审批或转报部门备案，并抄报财政、国资委、审计及主管部门。各级政府有关部当对项目资金使用、工程进度、工程质量以及项目法定代表人廉洁自律等情况进行经常性监督、检查和考核，建立项目法定代表人在任和离任审计制度。审计办法由审计部门制定。

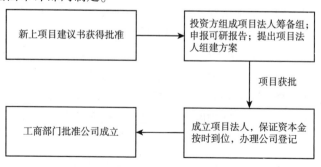

图 3－2　项目法人设立流程

三、代建制模式

《国务院关于投资体制改革的决定》明确提出：对非经营性政府投资项目加快推行"代建制"。近年来，地方政府为解决非经营性政府投资项目投资规模、建设成本、工期、质量等难以控制的问题，广泛实行"代建制"模式。此举不仅提高了政府投资项目管理的专业化水平，而且有效地控制了投资规模并提高了投资效率。

根据《国务院关于投资体制改革的决定》，代建制，即政府"通过招标等方式，选择专业化的项目管理单位（以下简称"代建单位"）负责建设实施，严格控制项目投资、质量和工期，竣工验收后移交给使用单位。"代建合同是确定代建单位和投资主体权利义务的基本法律文件，代建单位按照合同承担代建期间的投资建设责任。代建制从本质上只是投资建设行为和责任的转移，而对于投资的决策并无实质性影响，行政部门对实行代建制的建设项目的审批程序不变。根据各地方政府实施代建制的做法，以政府投资项目代建单位的组建或选定来看，主要有两种模式。

（一）组建事业单位性质的、政府工程的常设管理机构

比如深圳市建筑工务署，安徽省公益性项目建设管理中心。这些事业单位性质的建管机构的隶属部门也各有不同，有政府直属的事业单位性质的建管机构，比如深圳市建筑工务署；有隶属政府投资主管部门的，比如安徽省公益性项目建设管理中心，隶属安徽省发展改革委。

隶属于地方政府或者相关政府部门的事业性质建设管理单位，具有以下几个特点：首先，不以营利为目的，在项目建设实施中无自身利益要求，对政府部门负责，以规范政府投资工程项目管理、保证工期质量，节约建设成本为目标，具有很强的独立性。其次，

有效地实现了专业化管理，全面负责包括政府投资建设工程项目的实施和监督在内的管理工作。从其主要职能和工作内容来看，包括会同有关部门编制政府投资项目中长期建设规划；负责政府投资工程项目前期准备工作，如项目建议书、可行性研究、勘察设计等；组织项目建设各个环节的招标、合同签订，项目执行等工作；负责建设全过程的协调监管，控制工程造价、质量和工期；负责组织工程项目竣工验收，项目工程资料移交等工作。从而可以比较有效地解决长期以来困扰政府投资项目的临时性建管机构不专业、建设单位监管难、设计阶段问题多、超工期、超投资等问题，既保证了投资、质量和工期控制，又实现了节约人力、财力成本，避免了工程浪费。最后，设立事业性质的建管单位，政府部门可以直接核实事业经费，政府投资项目建设管理费用的支出更科学、合理。从各地的实践来看，这种方式相对来说，更为可行，也取得了不小的成绩。

以成立于 2002 年 7 月 8 日的深圳建筑工务公署为例，其前身为深圳市建筑工务局。2004 年，深圳市建筑工务局改名为深圳市建筑工务署，直属市政府管辖，主要负责政府投资工程项目的统一建设管理工作。根据《印发深圳市建筑工务署职能配置内设机构和人员编制的规定》，其主要职能为：负责除水务、公路以外的市政府投资建设工程项目的组织实施和监督管理工作以及市政府的经济适用房及其他政策性住房建设的组织实施和监督管理工作。

2002 年深圳工务署完成政府投资 7.9 亿元，2011 年完成政府投资 73 亿元，年均增幅达到了 34.5%；9 年时间组织建设完成 120 多个项目，累计完成政府投资 500 多亿元，全部实现了一次验收合格。其主要做法如下。

第一，实现了专业化管理，节约了人力资源，减少了管理成本。从建立伊始，深圳市政府就对各部门的基建项目管理部门进行了相应的权力回收，并对人员进行了整改，原来深圳政府各个部门负责政府投资建设管理的人员有 1300 多人，深圳建筑工务局成立时仅有 300 多名，90% 以上的人员都是具有长期工程建设管理经验的专业人员，为实现工程管理的专业化和节约管理费用奠定了良好的基础。如果按照惯例的 2% 提取管理费用，深圳工务署 9 年来的管理费应为 9.78 亿元，财政实际拨款不足 5 亿元，节约了大概 5 亿元的财政资金。

第二，将投资额度严格控制在投资计划内，节约了资源。在深圳建筑工务署成立之前，由于以分散管理为主，深圳市政府工程建设中的"三超"现象比较普遍，自 1979 年至深圳市建筑工务署成立之前，深圳市有 667 个政府投资项目超投资计划，实际投入的投资额超出投资原计划近 30 亿元。而在深圳市建筑公署完成的 120 多个项目中，未有一个项目超出投资计划额，而且实现了公开招标、优化设计、严格的合同等科学、专业化的管理，充分发挥了规模优势，总计为政府节省了 106 亿元的投资资金。

第三，保证了安全生产、工程质量以及工期。深圳市建筑工务署以"廉洁、高效、专业、精品"为目标，力争保证工期、高质量完成工程建设。在 2005～2010 年，深圳市建筑工务署管理下的政府工程未发生过死亡事故；创建"深圳质量"、打造精品工程，通过精选施工队伍、严格审查施工与材料质量，加强质量监管等举措，竣工项目全部一次验收合格，且多个项目获得国家级奖项。比如，深圳会展中心获得"国家科技工程示范工程奖"、大运会中心获"全国建筑施工安全质量标准化示范工地"荣誉称号、深圳大运会国际广播电视新闻中心获得"鲁班奖"。

第四，加强制度建设与监督，有效防止了腐败。深圳市建筑工务署把廉洁作为立署之本，坚持制度建设，针对市政工程管理的各个环节，先后制定了 50 多项管理制度，形成了完善的规章制度管理体系，且政务公开透明，大力开展公众服务，支持公众监督，未发生一起腐败事件。

（二）选择社会中介性质的专业项目管理公司作为代建单位

具体方式有两种，一是选定有限数量的专业项目管理公司作为代建机构的模式，例如，武汉市政府在确定对非经营性政府投资市政基础设施建设项目实行代建制之后，武汉市建委对申报从事武汉市非经营性政府投资项目的项目管理单位进行了核实审查，确定了首批 39 家单位，有效期 2 年，第二批 13 家单位，有效期 6 个月，并确定这些项目管理单位有资格参加非经营性的政府投资项目的招标以及从事代建业务。二是项目确定后，通过公开招标方式选择项目代建单位，比如北京市通过招标确定政府投资代建项目的代建单位，由北京市发改委负责招标工作以及代建制的组织和实施。

此外，根据代建制的合同模式划分，可以分为三种合同模式，见表 3 - 9。

表 3 - 9　　　　　　　　代建制合同模式比较

合同模式	委托代建	指定代理	三方代建
合同主体	项目法人、代建单位	使用单位、代建单位	政府投资管理部门、使用单位、代建单位
内容	代建项目的范围和形式，双方的权利与义务	使用单位与代建单位各自的责任、权利与义务	代建单位与使用单位职责、政府主管部门的权限与义务
特点	实现了公共工程建设的专业化管理，有效防止了腐败，但使用单位的积极性不易发挥	实现了政府投资项目的专业化管理，有效防止腐败，有效发挥使用单位的积极性，政府有关职能部门按各自职能对代建项目进行指导、协调、监督及管理	三方的权利与义务更明确，可以充分发挥三方积极性
代表地区	海南	重庆	北京

第四章

地方政府投资与经济发展

第一节 地方政府投资对经济增长影响的实证分析

一、模型建立与变量解释

本书的模型建立以现有经济增长理论和思想为基础，首先考虑 C - D 函数，其基本表达形式为：

$$Y = AL^{\alpha}K^{\beta}$$

其中，A 是综合技术水平，L 是劳动力投入，K 为资本投入。C - D 生产函数的起源是对 1899 ~ 1922 年的美国资本和劳动力数量对制造业产量的影响研究，认为经济产出同劳动力和资本投入相关。但是，C - D 函数既可以描述单个部门的生产函数，也可以描述一国的投入产出。在最开始的 C - D 函数的假设中，α 和 β 满足相加等于 1 的假设，在 1937 年，杜兰德（Durand）将此假设放宽，即 α 和 β 相加可大于 1，该假定的放宽事实上是将规模报酬对经济活动的影响考虑在其中，研究了对经济的影响。在经济学中，C - D 函数被广泛认为是用简单的形式揭示了经济发展的核心问题。在具体建立模型时，将 C - D 函数的基本表达式变换为以下方程式：

$$\ln Y = c + \alpha \ln L + \beta \ln K$$

以 C – D 函数的思想为基础，不同经济学家也提出了多种经济产出和增长的理论。比如，巴罗（Barro）构建的动态总体生产函数认为：

$$Y = AH^\alpha \sum (X_i)$$

Y 是最终产出，H 为劳动力投入，X 为要素使用量。

文章的研究也以此为基础，建立研究模型。鉴于 2008 年我国经济对外依存度已经超过 60%。笔者认为，在我国经济发展的要素中，需要考虑外贸对我国经济的促进。此外，在我国地方政府工作重点中，对外招商引资是政府工作的主要目标，地方政府也通过加强基础设施建设，改善投资环境来吸引投资，尤其是外资，从而间接催进了对外贸易的发展。

考虑 C – D 函数、巴罗产出模型以及我国经济发展实际情况，建立以下反映地方经济增长的基本模型：

$$\ln GDP = c + \alpha \ln Employ + \beta \ln Cap + \gamma \ln Exp + \varepsilon$$

其中，GDP 表示各省的国内生产总值，c 为常数，$Employ$ 为各省的人力资本投入，Cap 代表省级地方政府投资，Exp 表示对外贸易因素。ε 表示扰动项。

在本章的研究中，选取 1995～2009 年省级面板数据，数据来源于中经网数据库和各年份对应的中国统计年鉴，实证研究使用 Eviews 5.1 软件。通过以上所建立的模型和数据分析，研究地方政府投资对经济增长的影响。各项变量的解释如下。

GDP 表示各省的国内生产总值。

$Employ$ 表示当年人力资本投入量，在经济增长模型中，一般将人力资本存量作为经济发展要素。在现有的研究中，对于人力资本存量的计算也有多种方法，最具有代表性的是考虑平均受教育年限或者当年教育经费因素。将总人口数乘以平均教育年限，得到人力资本存量。笔者运用受教育年限发法对 1995～2009 年的各省人力资本存量进行了测算，结果发现，在 1995～2009 年，各省的平均受教育年限的增长均为 1 年多，在模型计算中表现并不显著。同时这种方法下计算的人力资本存量使用的是总人口数，笔者认为，人口要素对对于经济增长的影响在长期内比较显著，但是短期内，就业人员数更能表现劳动力对经济的影响。

同时考虑到，在地方政府投资中已经包含了投资于科教文卫的数据，这些都会影响到劳动力素质，因此，从教育投资法的角度来看，已经包含了反应人力资本存量的部分衡量因素。在地方范围内，高教育群体的人力资本量未必显著高于低教育群体的人力资本量。我国的产业结构中，劳动力密集型企业依然在经济中占有很大比重，这样低教育群体的人力资本可能会显著高于发达国家中低教育群体所代表的人力资本。综合考虑以上原因，笔者选用就业人员数作为人力资本的表述。本书模型中的 *Employ* 为各省各年就业人员数。

Cap 为地方政府投资，目前我国地方政府投资没有一个准确的统计数据。从狭义上而言，地方政府投资一般被理解为地方财政支出中用于投资的部分。在许多研究中将地方政府一般财政支出减去科教文卫的支出作为地方政府投资的替代变量。从前述的地方政府投资定义可以看到这种狭义的计算方法很大程度上缩小了地方政府投资的范围和规模。此外，笔者认为科教文卫支出不能简单地视为被地方政府投资的减项，科教文卫支出在一定程度上能够促进科技进步，保持社会稳定，提高劳动力健康保证等。因此，科教文卫也可以理解为地方政府投资的一部分。此外，在上述模型中，笔者将科技进步作为了经济增长的外生变量，在短期内，这种假设是合理的。但是如果在长期内，这样的假设显然有失说服力。将科教文卫的支出考虑在地方政府投资中也有助于解决这个问题。因此，笔者将各省级地方政府财政支出作为狭义的地方政府投资的表达。

从广义上来讲，地方政府投资也包括可控制的其他资源，甚至是提供优惠的税收政策，土地使用政策，甚至是影响地方金融机构的贷款投资决策来吸引投资。这些要素都被认为是地方政府投资的组成部分。在这种情况下，地方政府投资的具体数据就更加难以获得。同时，在实证研究中，考虑研究的可操作性，剔除非货币计量要素的影响。严格地讲，一个地区的经济增长与该地区全社会固定资产投资密切相关，而社会固定资产可以按照经济组织形式划分不同类型的投资，如国有经济投资、集体经济投资、私营经济和外商投资等。考虑到长期以来，国有经济固定资产投资是由地方政府主导的。因此，笔者后续研究中将各省当年社会固定资产投资中国有经济投资部分作为地方政府投资的另一替代表述考虑进模型，考察地方政府投资对经济增长的影响。

Exp 表示地方的对外贸易水平，地方贸易水平可以有多种表述形式，如进出口总额、进口总额、出口总额等。考虑到进口行为对经济产出的直接促进作用并不明显，出口贸易总额相比诸如外资利用率、进出口净额等指标更能直接反应出对经济发展的促进作用。因此，在本书中笔者选取出口贸易总额作为对外贸易水平的表达。

二、检验结果与分析

(一) 面板数据平稳性检验

笔者以我国31个省、市、区1995～2009年的经济数据建立了面板数据。由于其中涉及时间序列，需要对序列做平稳性检验，以避免出现虚假回归，影响模型的解释力。

对 *GDP*、*Cap*、*Employ*、*Exp* 四个解释变量的原始数据的自然对数进行单位根检验可以得到以下结果，见表4–1。

表 4 - 1   原始变量单位根检验结果

Method	Variable							
	lnGDP		lnCap		lnEmploy		lnExp	
	Statistic	Prob. **	Statistic	Prob. **	Statistic	Prob. **	Statistic	Prob. **
Levin, Lin & Chu t *	11. 6455	1. 0000	7. 50600	1. 0000	10. 5821	1. 0000	0. 40095	0. 6558
Im, Pesaran and Shin W-stat	16. 5769	1. 0000	14. 0088	1. 0000	11. 0569	1. 0000	5. 94014	1. 0000
ADF-Fisher Chi-square	3. 44654	1. 0000	2. 16762	1. 0000	25. 8708	1. 0000	15. 5119	1. 0000
PP-Fisher Chi-square	7. 78781	1. 0000	3. 77659	1. 0000	25. 3557	1. 0000	11. 5698	1. 0000
Hadri Z-stat	16. 2722	0. 0000	16. 2379	0. 0000	13. 0029	0. 0000	14. 5126	0. 0000

从上述的检验结果可以看到,各个解释变量都存在单位根。因此这些时间序列是随机游走的,是非平稳的。

为了使时间序列平稳,对上述解释变量进行一阶差分处理。经过一阶差分处理后,使模型的经济意义更加容易解释。模型改写为:

$$\Delta lnGDP = c_1 + \Delta lnCap + \Delta lnEmploy + \Delta lnExp + \varepsilon_1$$

对改写后模型的解释变量做单位根检验,得到如表 4 - 2 所示的结果。

表 4 - 2   一阶差分后变量单位根检验结果

Method	Variable							
	lnGDP		lnCap		lnEmploy		lnExp	
	Statistic	Prob. **	Statistic	Prob. **	Statistic	Prob. **	Statistic	Prob. **
Levin, Lin & Chu t *	- 4. 59668	0. 0000	- 18. 6553	0. 0000	- 7. 14025	0. 0000	- 3. 86779	0. 0001
Im, Pesaran & Shin W-stat	- 3. 74237	0. 0001	- 12. 7992	0. 0000	- 4. 77676	0. 0000	- 4. 99952	0. 0000
ADF-Fisher Chi-square	104. 738	0. 0006	264. 891	0. 0000	136. 497	0. 0000	123. 644	0. 0000
PP-Fisher Chi-square	108. 868	0. 0002	305. 885	0. 0000	151. 897	0. 0000	138. 980	0. 0000
Hadri Z-stat	4. 38977	0. 0000	4. 75643	0. 0000	7. 88215	0. 0000	2. 74415	0. 0030

可以看出，经过一阶差分处理后，解释变量都变为平稳的时间序列。进一步，用一阶差分处理后的解释变量来建立模型。

（二）地方政府投资同经济增长的数理分析

运用面板数据额的固定效应模型对上述数据进行回归可以得到如表4-3所示的回归结果。

其方程可以表述为式（1）：

$$\Delta \ln GDP = 0.114 + 0.023\Delta \ln Cap + 0.247\Delta \ln Employ$$
$$+ 0.051\Delta \ln TR + 0.317AR(1) \tag{1}$$

表4-3　　　　　　　　固定效应模型回归结果

Variable	Coefficient	Std. Error	t-Statistic	Prob.
C	0.113675	0.004852	23.42626	0
D（Cap?）	0.023492	0.016143	1.455257	0.1465
D（Employ?）	0.247176	0.077753	3.179006	0.0016
D（Exp?）	0.050923	0.009603	5.302511	0
AR（1）	0.31721	0.046666	6.797375	0

可以看出，以地方政府财政支出为表述的地方政府投资同经济增长存在正相关关系，地方政府投资能够促进经济增长。但是应当注意到，由于解释变量的 t 值只有1.46。因此，在统计上，地方政府财政支出对经济增长的促进作用并不显著。

对外贸易因素对经济增长的影响很大，且超过了地方政府财政支出的影响。解释变量不但 t 值统计显著，而且系数也要高于地方政府财政投资支出系数，对经济增长的影响程度更高。这也间接说明了"招商引资"政策的经济合理性。同时也有助于解释地方政府热衷于"招商引资"和增加出口的原因。

而在这三个解释变量中，就业人员数对经济增长的影响最大。这充分体现出我国经济劳动密集型的特点。

在上述分析中，以地方政府财政支出为表述的地方政府投资对经济增长有拉动作用，但缺乏统计上的显著性。笔者认为，这可能跟地方政府财政支出的定义与地方政府投资定义并不完全一致有关。而且，地方政府财政支出中的一些公共管理等费用的存在可能会影响对经济增长的解释，同时地方政府财政支出的范围仍然相对较小。因此，笔者再次选用社会固定资产投资中国有经济投资（INV）作为地方政府投资更广义的表述。将其替代原有模型中的一般性财政支出，作为地方政府投资的广义表达来考察其对经济增长的影响。

仍然利用固定效应模型对数据进行回归估计。根据回归的结果对估计结果自相关进行迭代控制后得到如表 4-4 所示的结果，其方程可以写为式（2）：

$$\Delta\ln GDP = 0.109 + 0.056\Delta\ln Inv + 0.25\Delta\ln Employ$$
$$+ 0.057\Delta\ln Exp + 0.284 AR(1) \tag{2}$$

表 4-4　　　　　　　　　　　　方程 2 回归结果

Variable	Coefficient	Std. Error	t-Statistic	Prob.
C	0.109186	0.00474	23.03279	0
D（Inv?）	0.056188	0.020087	2.797306	0.0054
D（Employ?）	0.250488	0.077529	3.230875	0.0013
D（Exp?）	0.057049	0.009747	5.852723	0
AR（1）	0.283733	0.047381	5.988358	0

从 t 检验判断，各个解释变量均在统计上显著。对比方程（1），方程（2）在地方政府投资对经济增长方面的解释力更强。

以固定资产投资中国有经济投资作为地方政府投资的表述，很好地表现了投资对经济的促进作用。同方程（1）相比，不但回归系数更高，而且统计显著。这充分说明了地方政府投资对经济增长的促进作用。

同时，同出口因素相比较，两者的回归系数基本相同。这也充分反映出在我国地方经济发展中，外贸和投资是地方政府促进区域经济发展的重点内容。通过对内增加投资，对外刺激出口的双重举措下，地方政府对区域内经济实现了很好的促进和管理作用。

由上述分析可以得到结论，在地方经济增长中，对外贸易对经济增长的拉动效应非常显著，这也有助于解释我国东西部经济发展区域性差异较大的原因，东部沿海地区自改革开放以来，凭借着更加有利的地理条件，对外开放程度较高。对外贸易发展很快，成为东部沿海地区经济发展的重要推动力之一。而西部地区对外贸易发展较慢，对经济拉动作用不大。因此，东西部的区域发展不均衡逐渐扩大。

地方政府投资对经济增长确实存在正效应，无论是使用狭义的地方政府投资还是广义的地方政府投资，这种对经济增长的拉动效应都得到了确认。在本书的研究中，将狭义的地方政府投资用一般财政性支出作为表述变量对经济增长拉动作用进行了研究。但是地方政府一般财政性支出中，有相当大的一部分比例并不是直接用于投资当地经济发展建设，比如管理费用的支出等。但是由于地方政府财政投资占财政支出的比重比较固定，而且管理费等资金支出会通过某些间接渠道，如改善投资环境，增强地方软实力等方面的传导机制影响经济增长。由于这些非直接投资因素的存在，分析得出的结果显示统计意义上的不显著，但是从经济意义上来讲，地方政府投资趋势对经济增长存在拉动作用。

（三）结论分析

从以上的分析可以看到，在完整的经济体系中，经济活动行为相互影响，相互促进，相互制约，资源要素通过相互影响促进了经济增长。

狭义地方政府投资由于受到现行管理模式的制约，在资金规模比较有限的情况下，对经济增长的直接影响并不显著。但是狭义地方政府投资能够通过经济系统中的传导机制，而对经济增长产生更大的影响。狭义地方政府投资通过这种传导机制而影响的广义地方政府投资的增长和对外开放程度的加深、对外贸易的增长更是能够为经济增长提供动力。

但是狭义地方政府投资相对来说是存在着硬约束，狭义地方政府投资的增加更要在很大程度上受到预算、财政规模、投资决策、社会经济发展多方面的影响。如何将"好钢用在刀刃上"，在狭义地方政府投资数量有限的情况下，更好的发挥引导和促进机制，发挥投资的导向作用，提高投资效率，深化投资改革实现经济结构转变值得关注。

第二节　地方政府投资促进经济增长的传导机理分析

一、地方政府财政支出结构的影响

既然地方政府的投资行为从经济学本质上来说是一种对于资源再分配的过程。那么我们可以以此角度，将地方政府财政支出做进一步的分类。关于地方政府财政支出中具有管理费性质的支出，我们已经在前文做了说明，在此不赘述，主要从行业支出投向的方面来进行分析。

从财政支出的主要投向来看，除了政府各项行政办公经费之外，所占比重较大的支出项有基本建设投入、各类事业部门事业费、科教文卫支出和社会福利支出。在改革开放之后，随着社会资本的活跃，财政支出的结构也随之发生了变化。基本建设投入在绝对值上依然有所增加，但是其在整个政府支出中的比例有所下降。经济体制改革前，基本建设投资在财政支出中的占比约为36%，经济体制改革后，政府鼓励多元化的投资，其他投资主体在经济体系中发挥了更大的作用，政府财政支出更多的是对社会资本的投入起到引导作用。科教文卫和社会福利支出投入同国民素质相关，可以被视为政府对于劳动力要素的投入。

二、地方政府投资要素对经济的影响

在狭义的地方政府投资中，基本建设投入、事业费和科技费用的投入对于广义地方政府投资有较大的影响。在全社会固定资产投资总额中，可以划分为国有经济部分、集体经济部分和其他经济部分。其中国有经济可以被理解为直接由政府所主导的投资，或是政府在投资决策、投资条件等方面有较强影响力的投资。在本书的研究中，将国有经济固定资产投入视为广义的地方政府投资。

政府财政支出中的行政事业费同我国的政治体制改革相关。从1978 年改革开放以后，为了更好地促进经济发展。我国也逐渐在政治体制方面采取了渐进式的改革。这种政治改革对于行政事业费的开支影响是直接的。而政治改革的最终目的实际是为经济改革而服务的，是为了更好地服务于经济发展。比如，政府部门的整合设立、监管系统的改进、审批机制的完善，这些都会影响到行政事业费的开支。此外，行政事业费中也存在诸如聘请外部资源进行决策评估，原有部门研究院所的开支等。这些在提高投资决策的科学性、合理性的同时，也促进了投资效率和新技术的转化。

科教文卫和社会福利首先可以促进劳动力质量的提高。在我国经济发展的过程中，劳动密集型企业一度是经济的主要推动力量。首先，科教文方面的支出有助于提高劳动力素质。劳动密集型产业尽管对劳动力素质的要求并不是非常突出。但是，劳动力必备基本的职业能力也有助于提高劳动力的生产效率。从上文的实证研究中，劳动力要素对于经济增长的影响显著。这也充分说明，我国经济发展中劳动密集型的特点。尽管从长期来看，不能单纯依靠劳动力数量的增加使经济规模扩大。相反，劳动力受到经济规模的影响会更大。但是，科教文的支出对于劳动力素质提高，满足由劳动密集型产业向资本密集型产业过渡，实现产业结构调整是有积极意义的。只有劳动力要素质量符合新产业的要求，投资行为才可行。因此，科、教、文的支出是项目投资和产业结构调整的保证。

卫生支出和社会保障是对劳动力要素的保障。尤其是在我国经济改革中，伴随着国有企业改革等重大制度调整。卫生支出和社会保障是社会稳定的润滑剂。在国企改革所引起的"下岗"现象严重的情况下，卫生支出和社会保障为劳动力的存续提供了必要条件。卫生支出保证了劳动力的健康，社会保障解决了劳动力在"下岗"期间的必要生活来源。也正是有卫生支出和社会保障，国有企业改革才可能继续进行。此外，在改革中，许多项目都是"破旧立新"。包括项目所需土地的供应、政府拆迁、劳动力的职业保障都同社会保障相联系。可以说卫生医疗条件的改善和社会保障的健全也是固定资产投资项目可行的保证。

除此之外，我们可以观察地方政府对不同经济形式的影响，尤其是在促进投资多元化方面的影响。1993年之后，其他经济性质的投入在社会固定资产投资中的比重逐渐增加，到了2004年，该比重已经上升到36%。其他经济包括私营经济、联营经济、股份制经济、外商投资经济等。其他经济是我国在多元化投资主体的引入和实现的重要要素。尤其是在股份制经济中，许多国有经济性质的公司也通过股份制的形式同民营资本、外资等开展合作，参与市场竞争。在这一部分的投资中，地方政府的影响是显而易见的，而且往往这些类型的企业中有地方政府的参与其中。因此这部分企业的投资行为也可以被理解为在广义上受到地方政府影响的。私营经济和联营经济经济实力相对比较弱小，为了争取更大的发展，必须得到政府有支持，且投资领域重点以政府主导的行业为主。而外商投资企业从最开始的项目审批就必须得到政府的批准，所以这种经济组织形式在投资的最开始环节就能够受到地方政府的决策影响。因此从这些角度来看，地方政府在日常经营管理活动中也渗透了大量影响投资和经济发展的因素。

三、地方政府投资对外贸的影响

在我国对外贸易发展的过程中，地域性表现非常明显。东部沿海地区凭借比较好的地理位置和更好的政策支持，率先发发展起来。1979 年，深圳、珠海、厦门和汕头作为首批实施对外开放的经济特区率先发展。1980 年以后，长江三角洲、珠江三角洲、闽东南、山东半岛、辽东半岛先后得到政府政策允许，对外开放。1990 年以后，中部、西部地区才开始逐渐深化对外开放的步伐。从各省出口贸易总额的数据可以明显看出这种趋势。可以认为外贸的发展首先是受到政府决策的影响。尽管这种区域发展的政策影响并不是地方政府所能够控制的。但是地方政府如何在政策允许的情况下更好地扩大开放、深化开放是有较强影响力的。这也在一定程度上解释了为何在很长一段时间内，各级地方政府都忙于招商引资，鼓励引进来、"走出去"。从上文的实证检验中，可以看到外贸因素对于经济增长有比较强的正相关，对外贸易的发展可以显著影响经济增长。在这种正向的影响下。区域间发展不平衡的问题也随之产生，并不断扩大。

再从进出口贸易总额角度来考察地方政府投资。由于受到 2008 年世界金融危机影响，我国进出口贸易总额增长出现较大的波动。为了避免系统性风险对于贸易数据的影响，我们选择 2007 年进出口贸易总额结构和数据进行分析。在进出口贸易总额中，外商投资企业占据主导地位，进出口总额达到 12549 亿美元，远远超过国有企业 4945 亿美元和民营企业 4243 亿美元进出口总额。在引入外商投资企业的过程中，中央政府和地方政府都起到了积极作用。在 2008 年我国所得税改革之前，外商投资企业享有的税收优惠非常大，尤其是在盈利年度起两年免征所得税、三年减半征收的政策大大降低了外商投资企业的成本，这些所得税一部分归属于中央，一部分归属于地方。这也可以被认为是政府的转移支付，属于政府投资。此外，地区性税收优惠，如优惠税率、先进技术企业优惠、基础项目投资优惠、再投资退税、资产购置抵税、耕地占用税、房产税减免、土地优惠、投资配套服务保障等优惠政策、保障政策都极大促进了外商投资企业的发展，促进了对外贸易的发展。在很长一段时间内，外商投资企业一直享受着"超国民待遇"。而这些待遇也切实使得地方政府层级的财政收入受到影响。

同时，在进出口环节，各级地方政府也采取出口贴息、市场开拓资金、技改贷款贴息、出口退税、进出口信用担保等多种形式促进进出口贸易的发展。此外，结合我国劳动密集型产品占据出口主导地位，技术资本密集型产品占据进口主导地位的实际情况。地方政府也通过鼓励地方区域内产业结构升级、支持科技创新型企业发展，外贸内销等引导机制优化合理经济结构和进出口结构，在一定程度上起到了中观调控的作用。尤其是在出口环节，我国产品长期在国际市场上地位不高，委托加工产品多，自主产品出口有限。近些年来，许多地方政府也结合区域产业特点，主导区域内企业家在国外市场考察，协助企业同外部市场沟通、建立合作关系，有些甚至是直接以政府担保的形式支持企业出口。这些举措都有力促进了当地企业外贸出口。

第三节 地方政府投资与区域经济发展

"十一五"期间，我国经济继续保持高速增长，居民人均收入持续增加，人民生活水平逐渐提高，经济发展取得了不小的成绩。但是我国经济发展的不平衡依然存在。东西部区域发展不协调，差异明显，城乡区域发展不均衡的现象仍然存在。区域经济发展不平衡问题在世界范围内存在。从现有研究来看，导致区域经济发展不平衡的因素众多，其中既有历史上形成的发展基础差异，也有地域的自然环境和资源禀赋差异、区域技术水平与效率差异等因素。这几个因素都可以被归为是地缘因素，从"核心—边缘理论"来看，在区域发展的初期阶段，条件较好的地方更能够吸引资源，资本投入的回报率更高。这些地方就形成了发展速度快于周边地区的增长极。由于发展迅速，周边的资源会更加向这些区域聚集，而周边的地区却会受到增长极的抑制，这就形成了区域不均衡问题。此外，消费偏好、区域间文化差异、思想价值认同差异都会对区域经济发展不平衡造成影响。在整个区域发展过程中，上述因素对经济发展的影响都是综合的。在不同的历史时期和不同的区域，各个影响因素的效果不一定相同，不同要素之间的传导效果也存在差异。但是这些因素所造成的结果趋势是累加的，在资源流动相对比较自由的情况下，如资本和劳动力的流动，累加的结果会更大程度的拉大区域间差异，区域间差异更加明显。1978 年之后，随着改革开放的逐渐深化，基础条件较好，地理优势明显的东部区域快速发展起来，并逐渐成为我国经济建设的龙头。而中西部地区由于受到地理区位条件的影响，经济发展缓慢，与东部地区的差距更加拉大。

一、我国区域发展政策演变

改革开放以来，随着经济社会的发展，我国政府在不同历史时期实施了不同的区域发展战略与政策，大体经历了以下三个阶段。

（一）"东部率先发展"阶段

1. "东部沿海地区优先发展"

新中国成立后的 30 年中，我国为改变落后生产力和战略战备需要，先后实施了"优先发展内地"、向"三线"地区倾斜的区域战略，这些战略与政策的制定主要是基于政治导向的。1978 年，党的十一届三中全会做出将党的工作重心转移到以经济建设为中心的社会主义现代化建设上来的重大决策。中央政府在总结新中国成立以后区域发展的经验教训和借鉴发达国家区域发展理论与实践的基础上，决定重构区域经济发展战略。

1979年起，中央政府开始对广东、福建两省率先实行特殊政策，中共中央、国务院转批了《关于对外经济活动实行特殊政策和灵活措施的两个报告》，并决定试办深圳、珠海、汕头、厦门四个经济特区。1984年，国务院转批《沿海部分城市座谈会纪要》，决定进一步开放天津、上海、大连等14个沿海港口城市，兴办经济技术开发区，并对这些城市实行部分经济特区政策。1985年，将珠海三角洲、长江三角洲、闽南三角洲地区的60多个市、县开辟为经济开发区。1988年将沿海开发区扩大到辽东、山东半岛及其他一些地区，将海南升格为省，并设为海南经济特区。

2. 开发开放浦东为龙头，开放发展沿江沿边内地地区

1990年6月2日，国务院发布《关于开发和开放浦东问题的批复》，决定开发开放浦东新区，浦东开发进入了实质性阶段。上海浦东新区开发是中国深化改革、扩大开放做出的重大战略部署，标志着全国改革开发的格局已经形成，经济特区、经济技术开发区进入新的发展时期。

1992年，我国对外开放的进程加快。党的十四大做出了"以浦东开发开放为龙头，进一步开放长江沿岸城市，尽快把上海建成国际经济、金融、贸易中心城市之一，带动长江三角洲和整个长江流域地区经济的飞跃"的战略决策。同时，中央决定以上海浦东为龙头，开放芜湖、九江、黄石、武汉、岳阳、重庆6个沿江城市和三峡库区；开放哈尔滨、长春、呼和浩特、石家庄4个边境和沿海地区省会城市；开放珲春、绥芬河、黑河、满洲里、二连浩特、伊宁、塔城、博乐、瑞丽、畹町、河口、凭祥、兴东13个沿边城市；陆续开放太原、合肥、南昌、郑州、长沙、成都、贵阳、西安、兰州、西宁、银川等11个内陆省会城市。自此我国形成了沿海、沿江、沿边、内地的区域经济格局，由东部沿海地区的带状式发展演变为"以东部带中部及西部"的发展模式。

3. "东部率先发展"新格局，开放天津滨海新区

"十一五"规划正式提出了"东部率先发展"的概念。2005年，《十一五规划建议》中，提出开发开放天津滨海新区；2006年3月3日，国务院同意给予天津滨海新区五项扶持政策；2006年3月5日，十届全国人大四次会议提出"继续发挥经济特区、上海浦东新区的作用，推进天津滨海新区开发开放"，滨海新区被放到了与浦东新区同等重要的位置；2006年3月22日，《天津市城市总体规划（2005~2020年)》得到审议并通过，把天津滨海新区的发展作为重点。

（二）促进落后地区发展阶段

1. 西部大开发

1999年9月，党的十五届四中全会正式提出了西部大开发战略。"十五"规划明确指出："国家要继续推进西部大开发，实行重点支持西部大开发的政策措施，增加对西部地区的财政转移支付和建设资金投入，并在对外开放、税收、土地、资源、人才等方面采取优惠政策"。2000年12月，国务院颁布了《关于西部大开发若干政策措施的通知》，从整体上对西部大开发的重点、国家重点支持方面进行了规划。2001年8月，国务院颁布了《关于西部大开发若干政策措施的实施建议》，完整地规定了西部大开发的政策措施。2002年7月，原国家计委、国务院西部开发办印发了《"十五"西部开发总体规划》，明确了实施西部大开发的指导方针、战略目标、主要任务以及西部大开发的重点区域等内容。2004年3月，国务院颁布了《关于进一步推进西部大开发若干意见》，进一步提出了推进西部大开发的十条意见，强调了西部大开发的重大战略地位。2005年，"十一五"规划纲要提出要加快改革开放西部地区。2007年3月1日，国务院发布《西部大开发"十一五"规划》，提出了"十一五"期间西部大开发总的目标。2011 年，"十二五"规划纲要提出推进新一轮西部大开发。2012 年 2 月 20 日，国务院批复了《西部大开发"十二五"规划》，提出将推动西部大开发再上一个新台阶。

西部大开发涉及的内容很多，主体内容包括以下几个方面：基础设施建设、产业结构调整、生态建设和保护、科教事业的投入、人才培养、对外开放。

2. 振兴东北地区等老工业基地

2002 年，党的十六大报告提出"支持东北地区等老工业基地加快调整和改造"，首次将东北振兴问题提升到国家战略层面。2003 年 3 月，《政府工作报告》中提出了加快调整和改造东北地区等老工业基地的思路。2003 年 9 月 29 日，中共中央政治局讨论通过了《关于实施东北地区等老工业基地振兴战略的若干意见》，标志着该战略的全面启动。2003 年 10 月，中共中央、国务院下发《关于实施东北地区等老工业基地振兴战略的若干意见》，明确了振兴东北的意义、指导思想和原则，并提出了需要完善的相关措施。2003 年 12 月，国务院振兴东北地区等老工业基地领导小组成立。2008 年 8 月，国务院在大连召开东北地区资源型城市可持续发展座谈会以及东北地区重要下放地方煤矿棚户区改造试点工作座谈会。2005 年 11 月 6 日，国务院批复了《东北地区厂办大集团改革试点工作的指导意见》，并提出争取用三年时间妥善解决东北地区厂办大集体问题。"十一五"规划纲要提出"十一五"期间东北地区在改革开放中实现振兴的具体任务与方向。2007 年 8 月，老工业基地领导小组办公室编制完成了《东北地区振兴规划》，确定了振兴的总体思路、主要目标、发展任务以及加快东北地区振兴的政策措施等内容。"十二五"规划纲要提出要全面振兴东北地区等老工业基地。

3. 中部地区崛起

2004 年 3 月，《政府工作报告》明确提出了"促进中部地区崛起"的新概念。2004年9月。党的十六届四中全会,首次把"中部崛起"写进党的文件。"十一五"规划纲要,促进区域协调发展战略将中部崛起作为重要组成部分,并对中部崛起提出了具体要求。2006年4月15日,《中共中央、国务院关于促进中部地区崛起的若干意见》,作为中部崛起的纲领性文件,共提出了36条政策措施。2006年5月,国务院办公厅发布了落实中共中央、国务院《关于促进中部地区崛起的若干建议有关政策措施的通知》,明确提出了促进中部崛起战略七个方面的具体内容。2007年1月,国务院办公厅下发《关于中部六省比照实施振兴东北地区等老工业基地和西部大开发有关政策范围的通知》。2007年4月,国家促进中部地区崛起工作办公室成立。"十二五"规划纲要提出大力促进中部地区崛起。

(三) 促进区域协调发展阶段

"十一五"规划纲要提出:"促进区域协调发展","坚持实施推进西部大开发,振兴东北地区等老工业基地,促进中部地区崛起,鼓励东部地区率先发展的区域发展总体战略,健全区域协调互动机制,形成合理的区域发展格局"。

从2007年开始,国家开始加快了制定重点区域和热点地区的发展战略与规划,2007年6月,国家发展改革委员会批准重庆市和成都市设立全国统筹城乡综合配套改革实验区。

2008年继续加大国家级的重点地区发展规划的制定与实施力度。2月国务院批准实施《广西北部湾经济区发展规划》;6月国家发展改革委员会正式批复《深圳创建国家创新型城市的总体规划》;9月国务院批复湖北完善城市圈"两型社会"建设综合配套改革试验总体方案;12月国务院批复湖南长株潭城市群"两型社会"综改试验方案。

2009年以后国家加快了实施国家级的重点区域发展规划的制定。1月《珠江三角洲改革方案规划纲要》对外发布;5月国务院正式发布《关于支持福建省加快建设海峡西岸经济区的若干意见》；6月国务院常务会议审议并原则通过《江苏沿海地区发展规划》《横琴总体发展规划》，并正式发布《关中—天水经济区发展规划》；7月国务院常务会议讨论并原则通过《辽宁沿海经济带发展规划》；8月国务院常务会议批复《中国图们江区域合作开发规划纲要》；9月国家常务会议原则通过《促进中部地区崛起规划》，国务院办公厅下发《关于应对国际金融危机保持西部地区经济平稳较快发展的意见》；12月国家发展和改革委员会发布《鄱阳湖生态经济区规划》、国务院批准通过了《黄河三角洲高效生态经济区发展规划》。2010年1月《国务院关于推进海南国家旅游岛建设发展的若干年意见》正式发布。

在2010年12月21日，国务院下发了《全国主体功能区规划》，规划推进并实现的目标时间是2020年，这是国家对国土空间开发的战略性规划，其中包含了对全国各区域经济整体规划的指导思路与战略。

《全国主体功能区规划》提出了建设国家优化开发区域以及国家重点开发区域。其中国家级优化开发区定位为提高国家竞争力，成为带动全国经济社会发展的龙头，实现更高层次上参与国际分工、具有全球影响力的经济区域，其中包含环渤海地区、长江三角洲地区、珠江三角洲地区。国家重点开发区域定位为成为支撑全国经济增长的重要增长极，落实区域发展总体战略并促进区域协调发展的重要支撑点。其中包括：冀中南、太原城市群、呼包鄂榆地区、哈长地区、东陇海地区、江淮地区、海峡西岸经济区、中原经济区、长江中游地区、北部湾地区、成渝地区、黔中地区、滇中地区、藏中南地区、关中—天水地区、兰州—西宁地区、天山北坡地区、宁夏沿黄经济区等。

从上述政策沿革可以看出，中央政府所制定的发展政策是影响我国区域经济发展不平衡的制度因素。但是，中央政府所制定的政策却是使一部分地区先富起来，在带动落后地区经济发展的必然选择。而且在初始阶段，我国的改革开放和建设社会主义市场经济体系无据可依，只能在摸索中前进。再加之经济资源有限，也无法全面促进各区域经济平衡发展，只能是利用资源，先进行试点，重点解决问题。除了中央政府政策之外，区域间已然形成的差异也会影响到区域发展的不均衡。

二、区域经济发展的差异

（一）经济所有制结构差异和企业制度差异

改革开放30年以来，我国经济发达的东部地区形成了国有、集体、个体、民营与外资并存和共同发展的格局，其中国有经济成分在经济总量中的占比逐渐下降，但依然对国民经济起着支柱作用。民营经济和其他多种经济形式已成为推动区域经济快速高效增长的重要力量。此外，东部地区劳动力和其他生产要素市场较完善，资源配置效率较高，资本融通渠道多样，这些因素有力支持了区域内经济发展。而中部、西部地区所有制结构仍以国有经济为主体，经济结构相对单一，总体经济发展比较缓慢且规模较小，资本融通渠道不顺畅，如表4-5。

表4-5　　　　　　　　　　　地区结构差异

目标地区	差异值		
	产值结构（国有及国有控股企业占工业总产值比重,%）	投资结构（国有经济投资占全国固定资产投资比重,%）	就业结构（国有单位职工占职工总人数的比重,%）
全国	36.45	38.79	62.78
东部	31.98	30.55	48.55
中部	39.47	41.35	75.47
西部	65.12	55.98	72.01

资料来源：国家统计局：《中国统计年鉴2010》，中国统计出版社2010年版。

　　企业是经济的微观主体，是经济发展的主要动力。在改革开
放后，东部地区的国有企业率先开始实施"政企分开"和所有权
与经营权相分离的改革，旨在建立现代企业制度。改革过程中，
大多数国有企业均实行了股份制改造。一方面，通过破产重组、
兼并收购等多种方式对国有经济结构进行了调整；另一方面，通
过产权转让、出售股权、新设立专业子公司等方式多方面引入资
本，实现投资主体多元化。通过这些改革，国有经济成分在国民
支柱行业的支柱地位更加强化，其他市场发展程度较深的行业，
国有经济更多地参与到市场竞争中，尽管比重有所下降，但是增
强了竞争力。在保证了国有经济成分在经济系统中支柱地位的同
时，也促进了多种经济成分在经济发展中发挥更大的作用。在监
管方面，国有资产的监管开始由以行政命令为主向资本保值增
值、经营成果监管转变，国有资产监管体系更加市场化，运行效
率更高。中部、西部地区由于政策滞后，政府管理水平低，人才
缺乏等多种因素，企业产权与管理制度改革步伐相对较慢，目前
还处于追赶东部地区的阶段。

（二）市场化程度差异

　　市场化程度包括地方政府对市场的调控关系、非国有经济发
展、产品市场发育程度以及中介组织的发展和健全法律系统对市场
化行为的支持。在这些领域，东部、中部、西部地区之间都存在着
明显的差异。如表4-6，东部地区地方政府与市场的关联度明显
高于中、西部地区。东部地区基本形成了以市场为基础的经济体系
和较为完善的市场流通、管理、组织与运行制度体系，产品市场与
要素市场水平明显高于中部、西部地区。东部地区市场配置资源的
能力增强、地方政府对资源配置的直接干预较少，资本及其他生产
要素与商品流动的区域行政壁垒较低，市场化程度对全要素生产率
提高的贡献率显著高于中部、西部地区。地方政府对于经济的干预
行为市场化手段增加，行政手段减少。地方政府区域管理能力，对

市场的监管和经济调控更加有效。

表 4 – 6　　　　　　　　各地区市场化指数差异

地区	政府与市场关系	非国有经济的发展	产品市场发育程度	要素市场发育程度	市场中介组织发育和法律制度环境
东部	9.66	10.99	9.54	7.98	9.5
中部	8.37	8.27	9.51	4.72	5.34
西部	6.84	6.44	8.05	3.88	4.38

　　资料来源：樊纲、王小鲁、朱恒鹏：《中国市场化指数》，经济科学出版社 2010 年版，第 3~55 页。

（三）地方政府效率差异

　　伴随着市场化的加深，政府机构的改革、职能的转换也在同步进行。总体来说，东部地区在精简政府机构、转换政府职能、提高政府工作效率方面的改革明显快于中、西部地区。通过改革，政府行政审批制度更加透明、高效，政府与企业、市场、社会的分权规划更加合理，地方政府在直接参与经济宏观调控管理的行为减少。但是通过完善的间接的宏观调控体系，反而在保证市场配置资源的主体作用和效率的同时，也增强了区域管理能力和提高区域管理效率。表 4 – 7 显示，政府效率指数东部地区除海南、辽宁和河北低于 50 以外，其余省市均在 55 以上，最高的为上海；中部地区则集中分布在 35~49 间，最高的湖北省仅为 48.82；西部地区则集中在 30~47 间，最高的重庆市为 46.02，最低的西藏仅为 19.12。区域管理排序，前 10 位多为东部沿海地区省市，后 10 位则多分布在中部、西部地区。

表 4 - 7　　　　　　　　　地方区域管理能力

地区	政府效率指数	社经调控能力	环境管理指数	区域管理能力	地区	排名
北京	73.16	73.91	74.86	73.98	上海	1
天津	67.55	51.80	99.50	59.00	北京	2
河北	49.86	40.54	86.59	59.00	天津	3
山西	34.06	50.37	60.48	48.30	浙江	4
内蒙古	37.06	50.62	74.31	54.33	江苏	5
辽宁	49.48	47.02	94.03	63.51	山东	6
吉林	39.61	33.48	81.70	51.60	广东	7
黑龙江	46.76	41.68	85.66	58.03	辽宁	8
上海	87.23	65.84	97.55	83.54	重庆	9
江苏	73.21	47.38	88.40	69.66	河北	10
浙江	69.53	57.75	82.26	69.85	黑龙江	11
安徽	39.62	43.95	73.22	52.26	福建	12
福建	56.08	44.59	73.03	57.90	湖北	13
江西	41.10	40.10	63.18	48.13	湖南	14
山东	55.86	50.17	94.57	66.87	河南	15
河南	42.08	42.25	79.35	54.56	内蒙古	16
湖北	48.82	47.64	72.36	56.27	甘肃	17
湖南	43.17	51.87	70.10	55.05	云南	18
广东	57.21	58.98	81.01	65.73	贵州	19
广西	37.12	47.43	73.55	52.70	新疆	20
海南	43.37	60.25	40.47	48.03	广西	21
重庆	46.92	56.33	81.02	61.42	安徽	22
四川	42.92	41.69	59.01	47.87	吉林	23
贵州	34.40	66.94	57.14	52.83	青海	24
云南	29.85	61.73	68.02	53.20	西藏	25
西藏	19.15	35.37	96.39	50.30	陕西	26

地区	政府效率指数	社经调控能力	环境管理指数	区域管理能力	地区	排名
陕西	38.83	50.15	56.43	48.80	山西	27
甘肃	31.44	53.59	76.49	53.84	江西	28
青海	37.92	59.32	56.65	51.30	海南	29
宁夏	31.37	34.57	68.23	44.72	四川	30
新疆	32.47	52.13	73.76	52.79	宁夏	31

资料来源：李国峰：《中国区域经济发展中的地方政府投资行为》，企业管理出版社 2008 年版，第 154 页。

三、区域经济发展中的地方政府投资行为

本节主要选取东部地区的浙江、江苏、天津、海南，中部地区的河南、江西和西部地区的重庆、西藏、甘肃为例，分析说明区域经济发展中省级地方政府投资行为方式与特点。

（一）争取中央政府的资金、项目、政策优惠支持，以增加地方政府的投资规模

1. 争取中央直接投资

2009 年，各省级地方政府都在积极努力争取扩大内需中央投资资金与项目，落实地方政府财政配套资金，加强中央新增投资资金管理，以促进本省各级地方政府扩大投资。这些投资资金与项目主要集中在重大基础设施建设、保障性住房等民生工程、科教文卫等社会事业、节能减排和生态环保建设、企业自主创新与结构调整等方面。

东部以江苏省、天津市、海南省和浙江为例。江苏省争取中央扩大内需新增投资资金 64 亿元，落实配套资金 17.4 亿元，直接带动 711 个大中型项目，总投资额 857 亿元；天津市争取到中央投资

项目 122 个，落实中央资金 9.3 亿元；海南省争取中央新增投资 48.24 亿元，落实配套资金 33.68 亿元；浙江省争取中央扩大内需新增投资资金 37.44 亿元。

中部的江西省和河南省情况如下：江西省争取中央投资 141.04 亿元；争取国家核准了包括沪昆客专杭南长段、南昌航空产业基地等 21 个重大项目，带动总投资额达到 1900 亿元。河南省争取中央投资 188.7 亿元，落实配套资金 110.6 亿元，带动了一大批重大工程项目。

西部的重庆市、甘肃省和西藏自治区情况如下：重庆市争取中央扩大内需投资 123 亿元，涉及 7383 个子项。甘肃省争取中央投资 108.4 亿元。西藏自治区争取中央新增投资 210 亿元，有效实现了自治区重大项目建设顺利进行。

2. 争取中央政府对本地的融资支持

2009 年中央财政代理发行地方政府债券，总规模达 2000 亿元。地方政府都积极争取，申请发债的额度都比较大。中央政府主要依据中央投资公益性项目地方配套需求进行分配，由于 2009 年中央新增投资对中西部地区支持力度较大，中西部地区地方政府配套任务相对较重，且中西部地方政府财力比较薄弱，所以中西部地区地方政府争取到的发债规模受到倾斜。例如，四川省由于灾后重建任务较大，获得最高分配份额 180 亿元；中部地区六省政府共计得到 443 亿元的份额，占 22.15%。

东部地区的天津、海南、浙江、江苏争取中央财政代理发行地方债券与资金使用情况如下：天津全年发行地方债券 26 亿元，其中安排中央新增投资京沪高铁地方配套 10 亿元，中央新增投资水利项目地方配套 4.76 亿元，南水北调市内配套 10 亿元，西站综合开发改造 4 亿元；海南发行地方债券 29 亿元，用于中央新增投资海南省公益项目地方配套 16 亿多元，其余主要用于支持海南省中西部廉租房新增投资建设项目、海南省文化艺术中心等 22 个海南省重点项目建设；浙江省发行地方债券 82 亿元，全部用于市县，支持市县政府主导的重大建设项目以及中央扩大内需投资项目市县配套资金。

中部地区，如河南、江西，争取中央财政代理发行地方债券情况和资金使用情况如下：江西省发行地方政府债券 62 亿元，主要用于加大高速公路、铁路、水利、天然气等基础设施以及保障性民生工程建设。河南省发行地方政府债券 88 亿元，重点用于重大基础设施、民生工程等项目建设与投入，有效地拉动了河南省各级政府的投资。

西部地区，西藏不在此次地方债券发行之列，甘肃省和重庆市情况如下：甘肃省发行地方债券 65 亿元，其中省级留用 43.3 亿元，转贷市州 21.6 亿元，省内额度分配，主要是考虑省级财政新增较少、重大项目建设需要以及市州政府中央扩大投资配套资金和市州政府自主决策的重点项目的资金需求；重庆市发行地方债券 58 亿元，除用于中央扩大投资项目地方配套，主要用于轨道交通建设项目与主城区危旧房改造工程。

3. 争取中央政策优惠支持

各省级政府为了实现扩大政府投资以及经济平稳快速发展，都在努力争取国家政策支持。以江西省、海南省和甘肃省为例。

2009 年，在江西省政府的推动下，江西省优质粮食产业工程、一批重大基础设施、重大产业项目和基地纳入《国家促进中部崛起发展规划》；21 个国家扶贫开发重点县纳入农村危房改造试点和易地扶贫搬迁试点范围；景德镇市列入全国第二批资源枯竭城市；争取国家同意中国（鹰潭）铜业基地编制发展规划、同意南昌市开展低碳经济试点等。

2009 年，海南省政府抓住国家燃油税费改革的契机，开征车辆通行附加费，争取中央返还补助资金 9.46 亿元，建立多元化筹资机制，增强全省交通建设资金筹措能力。

2009 年，甘肃省政府通过积极争取，实现了农村公益事业建设"一事一议"奖补、乡村公益性债务清理化解工作列入国家试点范围；白银、玉门两个资源枯竭城市转型加大补助力度；《甘肃省循环经济总体规划》得到中央政府的正式批复。

（二）加大特色产业的投资与建设，促进产业集群

1. 投资建设特色产业基地、产业集聚区

地方政府通过培育壮大特色主导产业和产业集群、推动重大项目加快向聚居区集中布局，建设集聚区成为优化产业结构的重要平台，以促进特色产业发展以及产业结构优化调整。

比如，2009年江西省政府重点扶持32个工业设计服务平台及公共服务平台建设，促进服务业发展，2009年4月，江西省政府对首批30个特色产业基地授牌，推动特色产业基地和重大产业项目的投资与建设，以扶持特色产业发展，促进产业集聚；2009年，重庆市安排30亿元，扶持市级开发区和区县特色工业园区发展。

2. 直接投资、制定政策等方式建设特色产业

首先，制定政策指导、支持特色产业和产业集聚建设政策。比如，2009年，江西省政府出台了《关于鼓励和促进全省旅游商品产业发展若干政策建议》，支持江西省建设旅游产业大省；印发了《进一步支持重点工业企业重点工业项目特色产业集群和产业基地的意见》，确定了100个重大产业项目；印发了《关于加快推进特色产业基地建设的通知》，以带动省内各级地方政府更好地推动特色产业建设。2009年，河南省政府依据科学发展示范区内涵，加快推进城市新区和产业集聚区建设，相继制定了《关于推进产业集聚区科学规划科学发展的指导意见》《关于加快产业集聚区科学发展若干政策的建议》。

其次，设立专项资金或直接投资发展特色产业。例如，2009年，西藏自治区落实特色产业发展资金5亿元，加强支持和投资特色产业发展能力建设；安排落实全区农牧业特色产业扶持资金2385万元，支持农牧业特色产业劳动力转移项目34个；自治区政府加快推进产业建设，拉萨青稞啤酒二期生产线建成投产、5100

矿泉水改制顺利推进、西藏矿业集团和西藏建材集团完成组建。2009 年，重庆市政府投资 11.5 亿元，用于推动信息、风电等新兴产业和汽车摩托车、装备制造、重化工等支柱产业发展；调动资金支持重钢集团等重点企业改制上市。

3. 为建设特色产业争取中央政府支持

主要是争取中央政策支持或者中央投资补助资金。比如，海南省政府为更好发展特色产业——旅游业，加大投资建设旅游岛，2009 年的工作重点为推进实施离岛旅客购物退税政策。在科学调研、借鉴国际经验、认真梳理评价现有政策，广泛听取各方意见的基础上，海南省政府相关部门草拟了一系列关于离岛旅客购物退税免税的调研报告与方案，包括《关于海南国际旅游岛建设有关情况的汇报》《关于建设海南国际旅游岛的政策需求汇报》《关于配合财政部等国家部委在我省实施旅客购物退免税政策情况的汇报》《关于建设海南国际旅游岛政策需求的调研报告》，供中央政府相关部门参考，以期争取早日落实离岛退税免税政策以及更多的政策倾斜。2009 年，西藏自治区积极争取投资补助资金和国家产业振兴贴息共计 1.1 亿元，以支持和发展自治区特色产业。

4. 大力促进特色产业优化升级

比如，2009 年，海南省政府积极推动特色旅游业转型升级，开发、建设高端旅游度假区，根据市场需要开发旅游新产品，打造旅游新业，成功加快了产业发展方向转变，2009 年海南省旅游业较 2008 年增收 10.1%。

（三）制定宏伟规划，促进区域经济社会协调发展

1. 制定规划，争取进入国家战略层面

第一，制定地方发展的整体规划。比如，2009 年，河南省政府按照科学发展示范区内涵，提出了中原城市群"三化"①协调发

---

① 即工业化、城镇化和农业现代化。

展的框架与思路，力争进入国家战略层面；积极构建中原城市群
"一极两圈三层"① 空间布局，完成了河南省城镇体系规划、城市
和县城总体规划；河南省土地利用总体规划、《中原城市群城际轨
道交通线规划》以及郑州机场核心区总体规划获国家批复。

　　第二，制定部分区域的规划。比如，2009 年，江西省政府相
关部门，积极推进鄱阳湖生态经济区规划的调研、编制、论证、报
批工作。2009 年 12 月，国务院正式批复《鄱阳湖生态经济区规
划》，鄱阳湖生态经济区建设上升为国家战略。

2. 加强区域分类投资与指导规划

　　地方政府通过加强分类指导和扶持，使资金投入和政策更具针
对性。比如，2009 年，重庆市加强分类扶持，加快实施"一圈两
翼"② 发展战略，落实"两翼"发展专项资金，市以上转移支付额
占"两翼"区县（自治县）一般预算支出的 80% 以上；拨付郊区
县社会事业发展资金 7.75 亿元、区域性中心城市补助 1.4 亿元，
多层次提升城镇功能。2009 年，江苏省政府加强了分类指导，制
定了支持沿海开发、推进苏南地区转型升级、巩固苏中和苏北地区
快速发展、稳步推进南北共建园区等政策和发展规划。

3. 加大扶贫投入，提高公共服务均等水平

　　地方政府主要通过财政转移支付加大扶贫力度，保证基本公共
服务最低保障标准。比如 2009 年，浙江省政府加大对静宁县和 18
个重点民族乡镇所在县的财政扶贫投入，对不发达地区的转移支付
达 252 亿元，比 2008 年增长了 14.5%；此外，浙江省政府推进了

---

　　① "一极"即构建带动河南省经济社会发展的核心增长极，就是"郑汴新区"；
"两圈"即加快城市群轨道交通体系和高速铁路建设，在河南省形成以郑州综合交通枢
纽为中心的"半小时交通圈"和"一小时交通圈"；"三层"即中原城市群核心层、紧
密层、辐射层。

　　② 即以主城为核心、以大约 1 小时通勤距离为半径范围的城市经济区（"一圈"），
建设以万州为中心的三峡库区城镇群（渝东北翼）和以黔江为中心的渝东南城镇群
（渝东南翼）。

扶贫小额信贷，帮助农民增收致富。2009 年，江苏省财政对下转移支付 773 亿元，比 2008 年增长 30.4%，实施县乡基本公共服务最低保障标准转移支付制度，提高全省基本公共服务均等水平。2009 年，西藏自治区扶贫办安排中央财政扶贫资金 28834 万元，内容包括地方财政扶贫、贫困村互助、劳动力转移特色产业扶贫、科技扶贫项目、贫困户安居工程建设、"整村推进、连片开发"试点等。

此外，地方政府还设立区域发展专项资金以促进区域协调发展，比如 2009 年，江苏省政府共计兑现扶持区域发展政策资金 48 亿元，引导激励市县政府进行经济结构优化调整。

总之，从各省级政府投资内容和行为特点上来看，各个地方政府并无太大差异，各地地方政府都是贯彻中央政府的政策与精神，根据本地的实际情况，因地制宜地制定投资规划、政策。存在的区别主要在于以下几点：一是区域发展差异造成的阶段目标或者任务的差距，比如西部不发达地区的扶贫任务相对艰巨；二是在特殊时期下，一些地方政府的投资具有特殊性，比如四川、甘肃等受灾地区需要进行灾后重建；三是由于财政水平或者经济水平影响造成的投资力度、规模以及对中央政府依赖程度上的差距。比如，西藏自治区政府也积极贯彻中央政府的各项政策，努力在发展经济、经济结构优化、保障和改善民生等方面加大投资力度，但是地方政府财力远远低于发达地区，地方财政对政府投资的支持比较有限，地方政府投资主要依赖中央政府的投入与扶持。

第四节　地方政府投资与产业结构调整

产业结构是指国民经济各产业部门之间以及各产业部门内部的构成。地方政府投资会对区域内的产业结构产生一定的影响。如前文所述，地方政府在经济活动中发挥着多重作用。一方面，地方政府是独立的投资主体，对于投资行为有一定的自主决策权；另一方面，地方政府是中央政府政策的执行者。作为独立的投资主体，地方政府投资的方向体现着国家和地方产业政策，是产业结构调整的重要参与者，对地方的产业结构的构成与调整发挥着非常重要的促进作用。作为中央政策的执行者，地方政府对于政策的理解，政策的执行力度和效率都会在很大程度上影响中央政府投资决策的最终效果。中央政府的投资决策一般都是在关于国计民生的重要行业、重点项目，重要性不言而喻。因此，尽管中央政府是决定区域产业发展的最重要主体，但是地方政府是决定政策执行效果的重要环节。总体而言，地方政府投资在产业结构调整方面是中央政府宏观政策的执行者。同时，地方政府所拥有的决策权使其扮演了在本地区范围内的经济调控者和执行者。

一、“十一五”以来的国家产业政策

产业政策是中央政府有关产业组织、产业结构方面的一切政策的综合，主要包括产业结构政策、产业组织政策、产业技术政策、产业布局政策等。落实产业发展规划和产业调整政策需要大量的投资，地方财力和中央政府对相关行业领域发展的导向性、限制性政策和意见，是地方政府审批决策相关投资项目的重要依据。为减少地方政府决策的主观性与盲目性，“十一五”以来，发展规划和产业政策已成为国家实施投资宏观调控的重要政策工具，并在引导地方政府投资方向中发挥了重要的导向作用。

“十一五”国民经济和社会发展规划中关于产业的指导原则和发展目标是：建设社会主义新农村，发展现代农业、增加农民收入、改善农村面貌、培育新型农民、增加农业和农村投入、深化农村改革；推进工业结构优化升级，加快发展高技术产业、振兴装备制造业、优化发展能源工业、调整原材料工业结构和布局、提升轻纺工业水平、积极推进信息化；加快发展服务业，拓展生产类服务业、丰富消费类服务业，促进服务业发展政策。除此之外，为加强和改善宏观调控，促进产业可持续、健康发展，国务院和国家发展改革委等有关部门发布了一些重点行业和领域的发展规划或者产业政策（见表4-8）。

表4-8　　"十一五"以来国家实施的行业发展规划和产业政策

年份	重点行业领域的发展规划和产业政策
2006	发展规划类：《全国食品工业"十一五"发展纲要》等 产业政策类：《产业结构调整指导目录（2005年本）》《国务院关于振兴装备制造业的若干意见》《国务院关于加快推进产能过剩行业机构调整的通知》《国家发展改革委关于汽车工业结构调整意见的通知》等
2007	发展规划类：《高技术产业发展"十一五"规划》《可再生能源中长期发展规划》《全国民用机场布局规划》等 产业政策类：《造纸产业发展政策》《煤炭产业政策》《国家发展改革委关于推进产业结构调整遏制高耗能产业再度盲目扩扎的紧急通知》等
2008	发展规划类：《中长期铁路网规划（2008年调整）》等 产业政策类：《中西部地区外商优势产业目录（2008修订）》等
2009	发展规划类：汽车、铁路、装备制造、纺织、船舶、电子信息、轻工业、石化、有色金属、物流等10大重点产业的调整和振兴规划以及60多项实施细则，《文化产业振兴规划》等 产业政策类：《关于抑制部分行业产能过剩和重复建设引导产业健康发展的若干建议》等

资料来源：根据国家发展改革委网站不完全统计。

"十一五"国民经济和社会发展规划以及国家制定和发布的相关重点行业领域的发展规划或产业政策，传递了中央政府投资政策意向，发挥了政策导向作用，指导了地方政府进行合理产业投资和制定科学的产业发展规划，在很大程度上避免了某些行业的过快发展和产能过剩问题，对促进地方产业结构优化，经济持续、健康发展和科技进步都有重要的指导意义。本节主要选取当年产业投资或改革成绩突出、比较具有代表性的地方政府作为例子，以说明地方政府投资如何促进产业结构优化升级。

二、地方政府农业投资

地方政府对农业的投资一般都是围绕农业增效、农民增收、农业发展，努力加大解决"三农"问题的支持和投资力度，采取的方式主要有惠农补贴、现代农业投入、改善农业农村基础设施建设、发展农业保险金融等。以下是地方政府在农业投资方面的重点。

（1）增加惠农补贴。通过扩大惠农补贴范围、提高惠农补贴标准，加大惠农补贴的力度。惠农补贴主要包括粮食直补、农资综合补贴、良种补贴、农机购置补贴等。比如 2009 年，江西省政府落实粮食直补 6 亿元、农资综合补贴 24 亿元、水稻良种补贴 6.6 亿元、农机购置补贴 5 亿元；2009 年，河南省政府总计落实惠农补贴 131.6 亿元，较 2008 年增长 30%；并动态调整了农资综合补贴，对农资综合补贴资金新增了 7.5 亿元。具体内容如下。

扩大补贴范围，尤其是农作物良种补贴，比如，2009 年，江西省政府扩大了生猪、奶牛等牲畜良种补贴范围，新增玉米、棉花等粮食良种补贴；河南省实现了小麦、玉米等主要农作物良种补贴全面覆盖，并且将农机具购置补贴范围扩大到 12 大类、84 个品种。

优化惠农补贴发放方式，保证惠农补贴资金足额入户、国家惠农政策落实。比如，2009 年河南省推广现金直接发放，实施粮食直补和农资综合直补；江西省实行财政惠农补贴"一卡通"方式，以促进惠农补贴及时、足额发放。

（2）改善农业、农村基础设施。具体内容如下。

① 改善农业基础设施，主要包括病险水库除险加固、小型农田水利工程等基础设施建设，促进农业综合开发。例如，2009 年江西省财政安排 2.6 亿元支持小农水重点县和专项工程建设，河南省政府推进位于产粮核心区的 95 个县、市（区）小农水等基础设

施建设；2009 年，江西省财政安排 5000 万元用于支持推动 1 万 ~ 5 万亩圩堤除险加固工程，河南省完成 244 座病险水库加固；此外，2009 年河南省政府筹措资金 9.5 亿元用于农业综合开发、改造中低产田和高标准农田建设。

② 加大农村基础设施建设力度。比如，2009 年，江西省共筹集 17 亿元，推动 8000 个省批新农村建设点，改善农村人居环境；河南省新建、改建县乡公路 6290 千米、通村公路 6510 公里，新建户用沼气池 75 万个，解决 327 万人饮水安全问题，改造农村危房 3.8 万间。

③ 支持现代农业建设。地方政府通过综合运用财政资金，引导社会、金融等各类资源，实现对农业产业化经营、农产品加工和农民专业合作组织的支持。主要方式如下。

第一，推动现代农业项目建设。比如，2009 年江西省政府以柑橘、粮食和油茶等优势特色产业为重点，积极整合各类资源，投入 11.2 亿元推动现代农业项目建设。河南省政府以畜牧等优势产业为重点，对生猪调出大县给予奖励，对畜牧良种给予补贴，大力支持畜禽疫病防控，重点促进畜牧业发展；投入 3.5 亿元实施食用油生产倍增计划，以支持现代农业生产发展。

第二，促进农业产业化经营。比如，2009 年，江西省省财政安排 1.3 亿元，大力支持农业产业化"双十双百双千"工程①，提升农业产业化经营水平。

第三，支持农产品深加工和农业技术建设。比如，2009 年，江西省政府安排 5000 万元，用于建设基层农业技术服务体系，以提升农产品加工增值能力，促进农民增收致富。

---

① 即省级政府重点抓好个年销售收入超 10 亿元的龙头企业和 10 个与之相配套的农产品生产基地；市级政府重点抓好 100 个年销售收入超亿元的龙头企业和 100 个优质农产品生产基地；县级政府重点抓好 1000 个"一村一品"示范村和 1000 个农民专业合作社。

第四,引导金融资源对农业的扶持。地方政府通过对金融机构涉农贷款增量实行奖励、组建农村金融机构,促进贷款向农村倾斜。比如,2009 年,江西省财政安排 4.9 亿元,引导各类金融机构新增涉农信贷 853 亿元,支持组建 113 家新增农村金融机构,实现小额贷款公司市、县(区)全覆盖。

第五,深入推行"一事一议"财政奖补。"一事一议"财政奖补是加强农业基础建设、统筹城乡发展、促进城乡公共服务均等化的重要举措,是深化农村综合改革的一项重大制度创新。比如,江苏省在 2009 年将"一事一议"财政奖补试点扩大到 58 个县(市、区),共计带动农民筹资、酬劳折资、社会捐助、村集体投入 12.5 亿元,为江苏省各级政府有效解决资金问题,并对农业基础投入、公共服务建设和城乡统筹发展提供了有力支持。

第六,农村劳动力的教育与培训投入。比如 2009 年,江苏省政府结合本省农村劳动力多、民营经济活跃和农业经济发展迅速的特点,重点加大了对农村劳动力培训的投入力度,全年累计培训 43 万人次、农业实用技术培训 200 万人次、农村创业培训 10 万人次,有效地提高农村劳动力质量,为农业经济发展提供生产力要素保障。

第七,提升农业生产抗风险能力。主要方式如下。

首先,通过扩大农业保险补贴险种、提高农业保险费补贴,提高农业生产抗风险能力、保障农业持续稳定生产。比如 2009 年,河南省全省财政拨付保险费补贴 3 亿多元,开展主要农作物、禽畜等保险。江西省财政拨付保险补贴资金 1.6 亿元,较 2008 年翻一番,农民获保险理赔金额达 1.1 亿元;并不断扩大农业保险补贴险种,2009 年的农业保险补贴险种达到 9 个。

其次,增加对农业进行抗灾、保证生产的投入,以应对自然灾害、保障粮食生产。比如在 2009 年,河南省农业遭受了冬春连旱、秋季飓风等严重自然灾害,河南省政府筹措资金 15.5 亿元,实施抗灾、保丰收计划和措施;并对 90 个产粮大县奖励 14.2 亿元,充分调动各县、市农业生产的积极性，保证了粮食生产。

除了上述具有共性的工作之外，地方政府也会根据辖区的特有情况，政府的财政能力，协调区域内具体的农业投资事务，充分发挥各地的优势，因势利导地解决农业问题。

三、地方政府投资促进工业结构优化

地方政府主要通过发展壮大战略支撑产业和高技术产业、加强工业企业自主创新能力、推进工业企业节能减耗、提升工业信息化水平等方式，促进工业结构调整升级。具体分析如下。

(一) 编制、实施产业发展规划和政策

第一，围绕国家产业政策和产业调整振兴规划，省级政府纷纷制定了本区域产业调整和振兴规划，主要包括产业发展战略定位、总体要求和主要任务等内容，以实现工业结构优化升级、工业经济整体素质提高。比如，2009 年，河南省政府制定了十大产业调整振兴规划，江苏省制定了 11 个产业调整和振兴规划。

第二，除制定产业规划，地方政府也会根据本区域实际情况与发展需要，制定一些行业的发展政策和意见。比如，2009 年，河南省政府制定了电动汽车发展意见，推动建设中原电气谷、洛阳动力谷、郑州百万辆汽车等重大基地。

第三，地方政府针对工业结构调整升级出台一些具体的意见和政策，为工业优化升级提供有利的政策环境。比如，2009 年，江苏省政府先后出台了《关于加快推进工业结构调整和优化升级的实施意见》《进一步支持重点工业企业重点工业项目特色产业集群和产业基地的意见》。

(二) 支持重点工业企业

地方政府在促进工业产业升级的过程中，要充分发挥企业在产

业转型升级中的主导作用，尤其是充分发挥行业龙头骨干企业在推动经济转型升级中的带动和示范作用，率先实现龙头骨干企业的转型升级，以龙头大企业带动骨干企业、大企业带动中小企业转型升级，发挥行业龙头骨干企业在产业辐射、技术示范和销售网络中的引领作用，实现产业集聚效应。

比如，2008 年，河南省政府组织 158 个行业骨干企业编制新一轮发展规划，引导推动骨干企业技术创新和改造升级，加快转型及升级步伐，通过龙头企业转型升级带动行业优化升级。

（三）推动企业自主创新能力

地方政府通过推动企业技术中心建设、技术创新平台建设以及培育、引导和协调服务，支持关键技术和新产品研发，提升企业自主创新能力和核心竞争力。比如，2009 年在河南省政府的推动下，永煤、瑞贝卡、郑州日产、思念、大方桥梁成为国家级企业技术中心，新能源企业、节能环保小排量汽车发动机等 12 个省级工程实验室和 108 个省级企业中心得以建立。2009 年，江苏省被列为国家技术创新工程试点，在中央政府和江苏省政府的大力支持下，全省企业研发大幅增长、企业创新产出大幅提高，大中型企业建立研发机构 2139 个，实现新认定高新技术企业 1355 家、新认定国家重点高新技术企业 136 家、企业授权专利 4.7 万件。

（四）调整工业结构

第一，使用国家专项资金，促进工业结构调整。例如，2009年，河南省政府争取国家重点产业振兴和技术改造、老工业基地调整改造、能源装备自主化、中小企业改造等国家专项资金 7.5 亿元，安排河南省工业架构调整、高新技术产业化、企业自主创新等专项资金 7.4 亿元，累计安排政策性资金 14.9 亿元，共计扶持项目 520 个，总投资达到 859 亿元。2009 年，江苏省政府争取国家产业振兴、技术专项资金和中小企业扶持等国家专项资金 6.4 亿元，共计补助项目 192 个，总投资达 300 亿元。

第二，地方政府筹措、安排资金进行工业结构调整。例如，2009 年，河南省政府引导投资 1467 亿元，完成重大工业结构调整项目 1074 个；对"双百计划"① 项目，进行企业自主创新、高新技术产业化专项等进行贴息或补助支持，完成投资 223 亿元。

（五）加快推进工业领域节能降耗

第一，发展循环经济，稳步推进循环经济试点。例如，2009 年，由河南省发展改革委主持完成的《河南省循环经济试点实施方案》得到中央政府的正式批复，初步形成企业、行业、区域相关联的循环经济发展格局，涌现出鹤壁市、南阳天冠、豫光金铅等先进典型，河南省单位工业增加值能耗下降达到 11%。2009 年，江苏省政府开展了第二批 60 家省级循环经济试点。

第二，建设节能项目和工程。例如，2009 年，河南省争取国家专项资金 5 亿元，开工建设 117 个国家重点支持的节能项目，年可节约标准煤 214 万吨；组织节能产品惠民工程，推广高效照明产品 900 万只，超额完成国家推广任务 40%，年可节约电力 6 亿千瓦时；实施燃煤工业锅炉（炉窑）、电机系统 150 万千瓦。2009 年，江苏省政府组织实施节能改造项目 350 项，年节能 400 万吨标准煤；建成 15 万千瓦能效电厂，年节电 10 亿千瓦时；实施"金太阳"工程，对太阳能光电建筑应用示范项目和光电装机容量给予补贴。

第三，依据国家产业政策，严格控制电解铝、钢铁、焦化、水泥、电石、传统煤化工等高耗能、高污染和产能过剩产业盲目发展，淘汰落后产能。例如，2009 年，江苏省政府加快淘汰化工、电镀等重污染行业和落后产能，完成中央政府下达的小火电机组关闭任务，关停小锅炉 1300 台，年节能 100 万吨标准煤，淘汰落后

---

① 即百家产业升级项目和百家重点企业。

钢铁产能 300 万吨。2009 年，河南省政府积极争取中央财政奖励资金 14.3 亿元，全年关停小火电 300 万千瓦、落后造纸产能 110 万吨、发酵产能 20 万吨、焦炭产能 56 万吨、钢铁产能 46.3 万吨。

（六）推动企业战略合作

制订实施企业战略合作方案，尤其是加强与中央企业的合作。例如，2009 年，河南省政府与国家电网、中国兵器集团、中船重工等 19 个央企以及美国铝业、彬彬集团等国内外优势企业签订了战略合作协议，成功举办与央企战略合作洽谈会，确定了中铁大型盾构装备生产基地、中航集团电动汽车基地等一批重大项目。2009 年，江苏省政府成功举办"江苏与中央企业合作发展恳谈会"，与中石化、中国电力等 35 家中央企业确定了 45 个重大合作项目，投资总额 2220 亿元；2009 年 10 月，江苏省政府与中国石油天然气集团签署了《关于共同推进江苏沿海开发的战略协议》。

四、地方政府投资发展第三产业

关于地方政府投资对第三产业的影响，主要选取了科技、文化以及金融三个方面加以说明，主要是因为这三个产业具有很强的代表性。科技对政府投资依赖度很强、具有较强公益性，属于公共物品项目；文化产业是目前国家振兴和改革的重点产业；金融业市场化程度高，对经济社会影响力很大，属于私人部门项目。

（一）地方政府对科技的投资支持

地方政府一般是通过支持建立科技园区，强化科技成果转化，加快建设科技研发平台，并配套相应的资金支持来达到对科技的促进。以天津市为例，从以下 7 个方面促进科技的发展。

第一，加快高新区建设。比如，2009 年，滨海高新区完成新技术产业区扩区、更名工作，并争取成为国家科技部批准的国家首批创新型科技园区试点，以高新区为平台，引入各类资源，推动科技产业集聚和发展。通过深入部分共建、区企合作、区校合作机制，与北大国家高新区发展战略研究院签署了战略合作协议，北大高新区研究院在滨海高新区建设分院。

第二，推进特色产业示范区建设。天津市人民政府出台《京津冀生物医药产业化示范区优惠政策》等相关优惠政策和实施细则，从立项、资金、税收、人才等方面制定了支持和鼓励政策，并吸引 10 余家生物医药企业入驻。

第三，加快建设重大科技研发平台。2009 年，天津国际生物医药联合研究所研发大楼投入使用，48 个研发团队入驻开展新药创制；国际生物医药产业孵化基地、中科院天津工业生物技术研究院研发大楼建成；先导化工物等 14 个工程中心启动建设；移动信息服务、软件和 IC 设计等大产学联盟建成。

第四，加快发展创业投资基金，支持科技企业发展。2008 年，由天津市滨海新区与国家开发银行共同发起设立了滨海新区创业风险投资引导基金，该基金属于政策性基金，采取公司制方式管理，任务在于引导国内外业绩突出、基金募集能力强、管理经验成熟、网络资源丰富的品牌创业投资机构进入滨海新区，2009 年共选定 5 只拟投资基金，协助并直接促成赛富基金、新文化基金等 10 只基金在滨海新区注册，投资基金规模达 170 多亿元人民币。

第五，推进自主知识产权产品认证制度建设。2009 年天津市发展改革委、财政局、知识产权局联合发布了首批天津市自主创新产品目录，共涉及 57 家企业的 156 个产品，涵盖了天津市高新技术产业的重点领域。从 2009 年起，天津市自主创新产品认定工作将每年分两批集中进行。自主创新产品认证制度的建设，可以对构建构筑高端化、高质化、高新化的产业结构产生积极作用。

第六，引进高端人才。2008 年开始，天津市滨海高新区管委会每年投入 1 亿元用于引进和培育人才的专项资金。2009 年，滨海新区管委会为吸引人才，投入硬件环境建设资金 2.5 亿元，并制订了"2009 年招才引智计划实施方案"，充分发挥天津滨海新区国际人才市场的作用，以实现国际、国内高端人才进一步聚集。2009年，滨海高新区共引进 100 多位海外人才来津创业，建立 14 个博士后创新实践基地，60 家博士后工作站。

第七，促进科技成果转化。通过调整财政资金支持方向，加大对重大项目科技投资支持力度，推动科技成果转化，加快构建高端化、高质化、高新化的产业结构。2009 年，天津市政府安排专项资金 3.8 亿元，支持科技创新项目 17 项，科技项目 1550 项，高新技术产业化项目 13 项，配合有关部门完成 226 家高新技术企业认定工作；此外，进入天津市自主创新产品目录的科技产品，将在政府采购中优先购买，并在高新技术企业认定、促进科技成果转化和相关产业化政策中给予重点支持。

（二）地方政府投资支持文化产业

在中央政府的引导下，地方政府通过积极促进文化体制改革、加大对文化基础设施建设的投资、建设促进文化产业发展的金融配套体系、发展文化创意产业和文化特色产业、培育文化企业和改制上市等措施，促进文化产业的发展。具体内容和方式如下。

第一，进行文化体制改革。首先，制定文化产业改革的政策和规划。比如，2009 年，天津市制定《天津文化体制改革中经营性文化事业单位转为企业的实施意见》和《关于文化体制改革中进一步支持文化企业发展的实施意见》，对财政税收、人员安置以及支持文化企业发展等方面提出扶持政策；出台《关于支持我市文化体制改革和文化产业发展的意见》，从积极支持文化体制改革、发展多元文化市场主体和促进农村文化旅游业发展三方面提出 21条扶持政策；制定《天津市文化产业振兴规划》，实施促进文化体制改革和文化产业发展的财税政策，支持出版传媒和电影行业转企改制。其次，促进经营性文化单位转企改制。在中央政府的支持和各地方政府的推动下，截至 2012 年 2 月，全国已完成出版、发行、影视剧制作和发行等近 5000 家经营性文化单位转企改制。

第二，加快文化基础设施建设，尤其是公共文化服务体系，主要包括农家书架、农村文化室、乡镇文化中心、农村无线广播电视、文化场馆等。比如，2009 年天津市各级政府加快投资建设的文化惠民工程，主要包括天津文化中心、小白楼音乐厅、文庙博物馆等；上海实现了"15 分钟公共文化服务圈"；山东实现了农村无线广播电视全面覆盖。

第三，发展文化创意产业和文化特色产业。比如，上海市政府以文化创意产业为龙头，引导和推进文化体制改革；2007 年，北京市政府出台了《北京市促进文化创意产业发展的若干政策》，公布了《北京市文化创意产业投资指导目录》；此外，北京市政府每年安排 5 亿元的专项资金，用于支持文化创意产业和集聚区的建设；2012 年 4 月，中关村科学城将文化创意产业特色园纳入建设范畴。

第四，建设文化产业发展的金融配套体系。比如重庆市政府设立了每年 1000 万元的文化产业发展专项资金，2009 年成立了宣传文化发展基金会，组建了重庆市文化产业融资担保有限责任公司，构建了文化产业投融资平台，有力地促进了中小文化企业的发展。

第五，培育文化企业，支持文化企业改制上市。比如，北京市政府相关部门设立了重点文化企业项目储备库，组织文化企业上市培训，完善文化企业上市工作联动机制。北京市金融局统计数据显示，2010 年北京地区上市文化创意企业共 16 家，融资额累计140.5 亿元。

（三）地方政府投资促进金融业

金融业属于竞争性行业，但目前我国金融体系并不完善，全国性金融市场单一，区域性金融市场比较缺乏，金融中介机构在经济中受政府影响较大。直接融资市场发展较慢，间接融资市场受四大国有商业银行控制明显。近些年，随着金融市场在我国的发展，金融业的竞争性逐渐加强，对于经济活动中各个产业发展的支持也越来越大。各地区的区域性金融市场开始发展，地方政府也努力通过建立比较完备的区域金融市场，促进资本市场对实体经济的支持作用。

1. 完善信用担保体系，促进中小企业发展

地方政府通过积极构建、完善信用担保体系，为符合国家政策导向的中小企业贷款搭建融资平台，引导中小企业担保贷款。主要方式如下。

第一，构建信用担保体系，组建担保公司。比如，2009 年，河南省政府组建河南省中小企业担保集团，积极构建县级中小企业信用担保体系，为中小企业贷款搭建平台，引导中小企业担保贷款达 470 亿元，比 2008 年增长 2.4 倍。江苏省政府支持组建了江苏省信用再担保公司，其中江苏省政府注资 16 亿元，社会募集 14 亿元，并实施了"百亿元中小企业担保贷款项目"，充分发挥再担保资金引导作用；与 19 家承办贷款银行、107 个县、市（区）的 136 家担保机构签订了再担保合作协议；截至 2009 年底，累计为近 2000 家中小企业完成担保贷款近 70 亿元。甘肃省政府引导担保体系加快发展，建立了担保机构统计监测制度，严把项目风险，降低担保成本；并且不断扩大担保机构的数量和覆盖面，截至 2009 年年底，甘肃省担保机构已发展到 78 家，累计完成完成担保贷款 130 亿元，帮助 4500 多户企业解决了融资需求。

第二，以原有信用担保公司作为平台，丰富担保模式。比如，2009 年，江西省政府以省信用担保股份公司为平台，推行联保、企业互保、退税质押、采矿权质押以及政府打捆担保新模式；江西省信用担保公司重点向辖区内的"四有三不"① 企业倾斜，累计为其提供一年期流动资金贷款担保 50.6 亿元。

---

① 即有市场、有合同订单、有信誉、有效益和不是高污染、不是高能耗、不是高危产业。

第三，与金融机构签署协议，引导信用体系加快发展。2009年，甘肃省政府与 11 家银行等金融机构和 3 家担保公司签订了中小企业信贷合作协议 503.2 亿元，有力地促进了中小企业的发展。

第四，设立专项资金。比如 2009 年，江西省财政部门安排 2 亿元的风险补贴和增资补助专项资金为县、市（区）的中小企业进行信用担保机构；设立了 10 亿元出口信用保险专项资金，支持企业投保出口信用保险，2009 年全省短期出口信用保险承保规模是 2008 年的 1.8 倍，对江苏出口的拉动效应显著；设立江苏省外贸企业融资风险专项资金，主要用于中小外贸企业融资授信担保和保函担保，鼓励金融机构为出口新增长点的企业和符合条件的中小型外经贸企业提供流动资金贷款。

2. 投资促进金融改革与创新

地方政府通过对地方金融业进行规划、投资与支持，促进金融创新和发展。以天津市为例。

第一，积极招商引资，引进金融资源。2009 年，天津市政府会同全国工商联、美国企业成长协会举办了第三届中国企业国际融资洽谈会。为成功组织大会，天津市政府印发了《第三届中国企业国际融资洽谈会活动安排意见》，细化政府相关部门的分工与合作，确保了大会圆满进行。第三届中国企业国际融资洽谈会成功创建了领先的融资洽谈对接模式，为投融资双方搭建了平台，共吸引 30 个国家和地区、605 家基金及投资机构、1786 家融资企业及 392 家中介机构参会，达成 3226 项合作意向。

第二，促进金融创新与试点。2009 年，在天津市政府的推动下，做出了新的尝试：首先，设立了全国首支保障性住房投资基金——天津保障性住房投资基金，该基金由天房集团会同天津市国土房管局与金融机构共同发起，获批资金规模为 50 亿元。相关政府部门通过深度参与该基金的管理，体现出很强的投资政策导向，达到改善民生的目的。此基金的推出对丰富保障性住房投融资模式，对完善房地产金融结构、化解金融风险起到了积极作用。其次，开展社保资金投资基础设施试点。天津城投集团向全国社保基金理事会和中国人寿资产管理公司分别融资 20 亿元和 100 亿元，并做出债权转股权安排；滨海新区建投集团与中国人保资产管理公司签署 100 亿元债权投资计划。

第三，加快建设金融新区——于家堡金融商务区。于家堡金融商务区是天津市政府规划建设的全球最大金融区，是金融改革和创新的基地，于 2009 年开工建设，十年建成。为更好地开发、建设于家堡金融区，天津市政府组建了新金融投资公司。于家堡金融区的创新，一方面在于积极引入新型金融机构；另一方面在于完善滨海新区整体金融服务体系。2009 年，中国商务港、澳洲宝泽集团、海协信托、船舶产业基金等金融机构与于家堡金融区签署入驻协议。

第五节　地方政府投资对就业的影响

一、关于促进就业的国家政策

党的十六提出"国家实行促进就业的长期战略和政策"，党的十七大提出的"实施扩大就业的发展战略，促进以创业带动就业。"2007 年，劳动和社会保障部为促进就业与再就业连续发布了《关于做好 2007 年度农村劳动力技能就业计划实施工作的通知》《残疾人就业条例》《关于全面推进零就业家庭就业援助工作的通知》《关于做好 2008 年公共就业服务专项活动的通知》。在 2007 年 8 月 30 日，中华人民共和国第十届全国人民代表大会常务委员会第二十九次会议通过了《中华人民共和国就业促进法》，旨在促进经济发展与扩大就业相协调以及社会的和谐稳定，突出了扩大就业在经济社会发展以及和谐社会的重要地位。同时，《中华人民共和国就业促进法案》也规定了地方政府在促进就业工作中的义务与责任，主要包括"县级以上人民政府把扩大就业作为经济和社会发展的重要目标，纳入国民经济和社会发展规划，并制订促进就业的中长期规划和年度工作计划；县级以上人民政府通过发展经济和调整产业结构、规范人力资源市场、完善就业服务、加强职业教育和培训、提供就业援助等措施，创造就业条件，扩大就业；省、自治区、直辖市人民政府根据促进就业工作的需要，建立促进就业工作协调机制，协调解决本行政区域就业工作中的重大问题；县级以上人民政府有关部门按照各自的职责分工，共同做好促进就业工作；简化程序，提高效率，为劳动者自主创业、自谋职业提供便利"等。2008 年，国务院办公厅发布《国务院关于做好促进就业工作的通知》，国务院同意并转发人力资源社会保障部等部门《关于促进以创业带动就业工作指导意见的通知》。

二、为促进就业的地方政府投资行为

在国家政策的引导与支持下，地方政府也认识到了就业的重要性，逐渐加大了对就业的扶持力度，把稳定和促进就业作为改善民生的重要工作。以 2009 年为例，我国的劳动力市场受到了国际危机的强烈冲击，地方政府在中央政府的支持下积极努力，纷纷对促进就业加大了扶持力度。比如，广西壮族自治区各级财政共投入就业资金 17.82 亿元，实施积极的就业政策；重庆市政府为促进就业投入 15.1 亿元，比 2008 年增长了 23.3%。内蒙古自治区政府在实施积极就业政策共投入就业补助资金 9.5 亿元，比 2008 年增长 32%。在地方政府的积极努力下，各地就业形势非常稳定，并取得了很好的成效。比如，甘肃省 2009 年新增就业人数 27.8 万人，同比增长 8.6%，下岗失业人员再就业 10.5 万人，超额完成年度计划 37.5%；湖北省财政筹措资金 32.78 亿元，支持城镇新增就业 60 万人，新增转移与返乡人员再就业 80 万人；河南省财政筹措就业专项资金 21.5 亿元，全省失业人员实现再就业 39.3 万人，应届高校毕业生就业率达到 84%；山东省全年城镇新增就业 105.7 万人，转移农村劳动力 122.4 万人；辽宁省各级财政共筹措 79.3 亿元，实现实名制就业 114.7 万人，零就业家庭至少实现 1 人就业。

为了促进就业，地方政府除通过大力发展经济、协调产业发展，投资重大建设项目以增加就业岗位外，还采取了对促进就业更加直接的方式，主要包括：财政预算安排就业专项资金、支持自主创业、完善小额贷款信用担保体系、减轻企业负担稳定劳动关系、制定促进就业的政策、增加公益性岗位、社保补贴等措施，重点做好高校毕业生、就业困难人群、农村富余劳动力、返乡农民工的就业工作，不仅有效地稳定了就业形势，而且增加了就业、创业的机会。具体表现如下。

第一，地方政府通过建立创业基金、完善小额担保贷款体系，落实小额担保贷款贴息等方式，大力支持创业，以创业带动就业。如 2009 年广西壮族自治区本级财政安排返乡农民工创业就业基金 10 亿元，支持返乡农民工自主创业；宁夏回族自治区政府拨付创业就业资金 4.8 亿元，激励金融机构发放创业小额担保贷款 2.7 亿元；内蒙古各级政府共安排创业投资引导基金 1 亿元，落实小额贷款贴息资金 7180 万元；河南省政府落实小额担保贷款财政贴息资金 2.3 亿元，同比增长 2.8 倍，引导贷款 35 亿元，帮助 30 万人实现自主创业，并带动就业 54 万人；湖北省政府从省级失业保险基金中调剂 3.5 亿元，用于补充各地小额担保贷款基金，共帮助 5 万名城乡劳动者成功创业，成功带动 20 万人就业；江西省政府通过扩大小额担保贷款创业扶持范围，全省共拨付贴息资金 1.5 亿元，实现发放担保贴息贷款 36.4 亿元，并积极统筹资金帮助返乡农民工和自主创业，支持大学毕业生就业创业。

第二，减轻企业负担、扶持小微企业，采取税费减免、贷款贴息、社会保险补贴、岗位补贴等就业援助办法，以稳定劳动关系并扩大就业。如 2009 年，河北省政府通过缓缴、免缴社会保险费和减低费率减轻企业负担 7.2 亿元，使用保险金和就业资金援企稳岗支出 6.7 亿元，惠及企业 1793 家，涉及职工 97.8 亿元；天津市政府加大对困难企业的帮扶力度，为 346 户困难企业提供财政贴息补助，实行社会保险"四降一缓"① 政策，给困难企业专项减负 17 亿元，并对 327 户困难企业给予培训、社保、稳岗和求职补贴；江苏省政府全年减征社会保险费 24.41 亿元，帮助企业稳定就业岗位；河南省政府批准企业缓交 5 项社会保险费 5.3 亿元，阶段性降低 4 项社保资金费率减征 4.6 亿元，运用事业保险基金累计支付减负稳岗补贴 1.3 亿元，惠及企业 3.7 万个、职工 440 万人；宁夏回族自治区政府补助市县小微企业创业园区建设资金 3000 万元，将辖区内企业招用再就业人员的税收定额扣减标准上浮 20%；青海省各级政府加强对困难企业的政策扶持，鼓励企业不裁员、少裁员，以应对危机中稳定劳动关系。

第三，响应国家政策，出台促进就业的政策与办法。比如，2009 年甘肃省政府为了做好促进就业工作，制定出台减轻企业负担、促进社会就业的 7 个省级配套政策文件；青海省政府为完善就业再就业目标责任制，连续出台了《关于进一步加强农牧区劳动力转移就业的若干意见》《关于进一步做好当前形势下就业工作的通知》等就业优惠政策；北京市政府发布了支持实施稳定扩大就业六项措施和促进高校毕业生就业的 15 条政策，建立城乡平等的就业制度，帮扶就业困难人员实现就业、农村劳动力转移就业、零就业家庭实现动态脱零。

第四，通过职业技术培训，提高劳动者技能，增强其就业、创业能力，建设人才资源市场。比如，2009 年，青海省政府实施世界银行贷款的"农民工培训与就业"项目；江西省政府投入 2 亿元对工业园区新招员工免费培训；湖北省政府组织培训、再培训农村劳动力 80 万人；广东省政府安排专项资金 5.5 亿元用于促进就

---

① "四降"指实行阶段性降低基本医疗、失业、工伤、生育四项社会保险费率；"一缓"指实行困难企业缓缴养老保险费政策。

业和人力资源市场建设，安排专项资金 7 亿元对省内 45 周岁以下的农村中青年劳动力人均提供一次免费职业技能培训，推动劳动力转移，支持实施"南粤春暖行动"和特别职业技能培训计划，稳定返粤农民工就业，发展技工教育，安排技工学校建设专项资金 3 亿元，安排高技能公共实训基地和技工学校实训中心建设专项资金 1.4 亿元。

第五，加大对重点人群的就业扶持力度。重点人群主要包括高校毕业大学生、下岗失业人员、农村富余劳动力、困难家庭和残疾人。比如 2009 年，重庆市政府拨付 6.7 亿元落实就业困难人员社会保险、职业培训等补贴；西藏自治区政府安排高校毕业生就业奖励资金 394.8 万元；内蒙古自治区政府加大高校毕业生就业扶持力度，落实资金 4200 万元，支持"三支一扶"①"村官"选聘和高校毕业生就业见习计划，鼓励高校毕业生到中小企业和非公有制经济组织就业；福建省财政筹集专项资金 4.22 亿元，比上年增长 37.9%，重点支持自主创业、高校毕业生、困难人员和农村富余劳动力；江苏省各级财政安排 18.61 亿元，落实就业再就业的各项扶持政策，帮助返乡农民工基本实现就业，加强对高校毕业生的就业服务，重点帮助 9.85 万困难群众实现再就业，保持城镇零就业家庭动态为零；青海省各级政府全面实施"农民工援助行动"，加大劳动力技能培训力度，继续组织"金秋拾棉"等大规模劳动转移就业，全省返乡农民基本实现二次就业，实现农牧民劳务输出规模达到 102 万人次；宁夏回族自治区政府继续支持高校毕业生和农村劳动力多样化就业，对灵活就业等困难人员实行社会保险补贴；天津市政府对"4050"人员②、零就业家庭等十类困难人员实行托底安置，加强高校毕业生就业政策指引，稳定全市就业水平；河北省

---

①　指大学生在毕业后到农村基层从事支农、支教、支医和扶贫工作。

②　指处于劳动年龄段中女 40 岁以上、男 50 岁以上的，本人就业愿望迫切、但因自身就业条件较差、技能单一等原因，难以在劳动力市场竞争就业的劳动者。

各级政府投入 23 亿元，加强就业培训和创业服务，突出解决高校毕业生、农民工、城乡困难家庭等重点人群的就业问题，实现全年城镇新增就业 57 万人。

第六，开拓公益性岗位范围、增加公益性岗位、增加公益岗位补贴。如 2009 年西藏自治区政府安排落实公益性岗位补助资金 6322.1 万元，2011 年将公益性岗位由 1.57 万个增加到 2 万个，并提高公益性岗位就业的高校毕业生生活补助。

此外，地方政府还大力开展就业服务活动，加强对职业中介服务的支持、指导与监督，健全就业服务体系，建设人力资源市场信息网络以及信息服务，培育健康、开放、公平的人力资源市场，以更好地为劳动者服务，做好促进就业的工作。

第五章

合理规范地方政府
投资行为的建议

　　建立健全社会主义市场经济体制，加快中国经济发展的市场化进程是 21 世纪前期中国经济改革与发展的主体和方向。尤其是加入 WTO 后，随着对内改革、对外开放政策的持续深化，中国的市场化进程步入了一个新的历史时期。在分权制度下，广泛存在的地方政府干预投融资活动的行为，虽然对经济发展曾经产生过一定的积极作用，但随着经济全球化与区域发展一体化进程的加快，市场在经济经济体系中的力量会越来越强。从我国目前的情况看，如何与时俱进，加快中国经济发展市场化进程，开展制度创新，合理规范地方政府投资行为，以保证优化投资资源配置，提高资源配置效率，实现经济全面、协调、可持续发展，还是我国经济发展亟待解决的课题。

第一节　科学界定地方政府投资职责和范围

　　以市场为主导配置资源的机制是国家宏观调控和配置资源最为有效和最基本的资本形成机制。随着改革开放的不断深化和社会主义市场经济体制的逐步完善，政府权力进一步分化，使用行政手段刚性主导市场中经济主体投资决策的行为逐渐减少。包括企业和居民在内的社会资本在市场化进程中得到的自主发展决策权不断增强，并越来越受到保护。市场自我调节、自我强化的能力也随之增强。同时在这个过程中，以政府的力量推动社会主义市场建设是地方政府的责任与义务。因此，为了更好地完善社会主义市场经济体制，既要发挥好市场的自我调节、自我强化机制，又要发挥好地方政府在市场机制健全过程中的推动作用，必须科学界定地方政府的投资职责和范围。

一、科学划分地方政府投资职责

政府的功能具有两个基本特点：第一，政府作为国家权力的执行机关，其行为目标具有双重性，既要保持社会政治稳定，又要使促进社会经济福利最大化；第二，政府可以凭借在法律上的强制力，制定和修改经济活动中的规则，保证其决策的实施。这样政府既可以在某些领域弥补市场的失灵，也可以以较低的成本组织公共产品和准公共产品的生产。从政府功能的角度来看，如果缺乏地方政府投资合理界定，就很容易产生政府失灵的问题。按照"权责利相统一，财权与事权相对应"的原则，科学合理地界定地方政府的投资职能，有助于提高政府投资决策的科学性和投资效率。

（一）摆正地方政府在国家宏观经济调控中的地位

优化地方政府权利结构，明确地方政府的权力与义务，尤其是在国家宏观经济调控中的职责是合理规范地方政府投资行为，保证我国经济健康发展的先决条件。

"十一五"时期以来，为了保证我国经济平稳较快发展，中央政府加强了对投资的宏观调控，地方政府既是中央政府投资调控的对象，又是中央宏观调控政策执行者的双重性进一步明确。在这个调控体系中，中央政府出于投资总量控制的目标出发，往往会忽视地方利益而采取统一的调控模式，尽管调控政策是统一的，但是各地方背景差异也使得调控政策的影响各不相同，这也很容易影响部分地方政府落实政策的积极性，使得调控政策效果大打折扣。因此，改进完善中央和地方政府的投资调控职责分工，首先就要强调中央调控政策的权威性和地方政府的执行力，这也有利于提高投资调控的效果。尤其是在我国目前的市场结构中，全国性的统一市场并没有完全确立，市场分割的情况依然存在。对中央政府政策权威性的认可是解决市场分割所带来的经济发展和宏观调控负效应的基础。具体来看。

第一，中央政府在制定宏观调控政策时应当更多的让地方政府参与其中，通过了解各地的情况反馈和意见，提高宏观调控政策的科学性和适用性。地方政府在国家宏观调控中的作用不言而喻，作为经济调控主体之一，其既是中央政府调控政策的执行者，也是区域性经济发展的政策制定者，起着承上启下的作用。由于不同地区经济发展水平不一致，产业结构布局有所差异，经济发展的战略重点也各不相同。同时地方政府对于区域经济更具信息优势，通过让地方政府更多地参与中央政府宏观经济调控的政策制定，中央政府可以了解宏观经济调控政策对各个地区经济发展可能产生的不利影响，有助于中央政府把握宏观调控的力度和节奏，提高决策的适用性。同时，地方政府更多地参与到宏观经济调控决策制定也可以加深中央政府同地方政府之间的沟通，有助于提高宏观调控政策在地方政府层面的执行效率。

第二，提高中央政府政策调控的权威性，加强对调控政策落实的督察。目前，我国地方政府对中央政府调控政策的反对并不是采取激烈的模式，而是经常不作为，对中央调控政策"阳奉阴违"。通过督导检查，能够防止地方政府从自身利益出发规避中央政策执行的行为。将督察制度固化为经济调控政策执行的约束机制，通过建立健全对地方政府执行经济调控政策的监管约束，提高经济调控政策的效果，保证我国经济平稳较快发展。

第三，以科学发展观为指导，在强化地方政府配合中央政府调控决策的同时，提高地方政府投资决策的科学性，弱化地方政府投资决策对经济发展平衡的不利作用。通过制定对应区域发展目标，实现区域内产业结构升级。长期以来，地方政府是我国阶段性投资过热和低水平重复建设的重要推动力，为改变这种情况，要严格要求地方政府在经济发展中应当结合自身的比较优势，注重区域内产业结构的调整和升级，注重对社会资源的引导，提高市场经济活力。而不是简单的谋求经济总量的不断扩大，忽视经济发展质量。

（二）强调政企分开、管办分开，注重市场化经济体系建设

在经济发展过程中，政府是国家利益的代表，集中表现和体现着社会整体行为；企业则是追求利益的集团，代表的是不同经济利益集团的个体行为。在我国的经济体系中，地方政府有权约束、影响、引导甚至控制企业的投资行为。地方政府和企业的利益联合体所带来的地方政府对企业的约束、影响、引导有助于地方政府在区域内实现资源配置，提高区域经济总量增长。但是，这也容易引发政府滥用权利和约束软化的现象。长远来看，这也容易引发企业发展活力丧失，社会资本对经济发展的影响力较差，影响社会主义市场经济体系的建设。

要改变这种状况，首先，要真正实现政企分开，政府对企业投资行为的调控应该主要依靠产业政策和区域政策引导，而不是直接干预，对于企业因决策失误造成的投资失误由企业自行承担；其次，是要按照合理税负、公平税负的原则科学合理地确定与两者间事权一致的税种税率，在确保政府必要的财力供给，满足政府管理国家事务、确保国防安全、促进社会进步、改善人民福利等财力需求的基础上，尽可能扩大企业的财权；最后，要健全和完善税收征管制度，强调税收征管硬约束，提高税收政策的透明度，为企业竞争创造公平的交易环境。同时也要避免因政府与企业的税收博弈

而导致财富分配的扭曲与调控失灵。

二、明确地方政府投资范围

（一）坚持政府投资的一般准则

近年来，随着"国退民进"和多元化资本的引入，更多的社会资本，比如民间资本开始在公共设施和基础设施这些政府传统投资领域发挥更加重要的作用。尤其是我国在 2001 年加入 WTO，确立社会主义化经济体系后，我国民营化的改革成为投融资体制改革的重要内容。社会资本的引入在一定程度上解决了各级政府，尤其是地方政府用于公共设施建设和基础设施建设财力有限的"瓶颈"，客观上推动了政府投资向间接投资方式的过渡，政府投资对于社会资本的拉动作用越发受到重视。但是，多元化的社会资本也容易引发地方政府逃避本应当承担的公共职能，使公共产品的质量降低，同时使准公共产品和公共产品的社会成本提高。为了更好地利用社会资本，应当确认政府和社会资本的投资范围，让政府在充分履行职责的基础上，提高社会资本对经济的拉动作用，保证政府资金发挥最大作用。总体而言，政府退出竞争性投资领域，将政府投资领域限定在关系国家安全和市场无法有效配置资源的公益性投资领域和公共基础设施建设领域是其根本。具体而言，对于不同的领域，政府投资的重要性和优先级也应当有所不同，根据产品的性质特点，可以做出以下优先级的划分。

第一，具有非竞争性和非排他性的纯公共产品，政府应当是投资主体。比如改善教育，行政司法，卫生防疫等。这些公共产品不但具有很强的公共产品特点，同时往往投入很高，收益有限，单个社会资本很难以达到有效投资。同时这些领域往往是社会体系和经济体系的基础，这也决定了政府直接投资在这些领域建设中的作用。

第二，对于具有显著外部效应，有利于社会发展的准公共物品和服务，政府投资作为投资主体的同时，应当更多考虑通过政府补贴，特许经营权的方式引入多元化的社会资本。比如，在高速公路建设、市政建设、高等教育等方面。政府应当依据其财政能力决定参与程度的多少。在政府财政能力有限，经营效果较低的情况下，可以着重推进这些准公共产品的市场化，通过引入社会资本，利用市场的力量解决问题。同时，政府应当设立严格的监管控制体系来保证准公共产品提供的质量和效率。在政府财政能力充裕的条件下，政府应当在外部效应明显的领域，比如教育等方面，发挥更加重要的作用。通过政府投资，提高整个社会福利水平。

第三，在产品或具有排他性或具有竞争性的领域中，应当提高社会资本的介入程度。比如，制造业、金融业。在这类产品投资中，政府应当合理实施价格管制和市场准入管制，保证产品供给的合理价格。

在重新划分政府和市场职能的过程中，政府应当从"越位"的领域退出，而填补"缺位"的领域。尤其是在私人产品生产部门，应当坚决退出，使市场充分发挥调节作用；在公共产品的提供上，政府投资要坚决执行，只有保证了社会对公共产品的基本需求，才能为经济改革和社会发展提供基础。同时政府的投资重点应当从传统的投资领域转移，如交通运输业、制造业等。随着我国对外开放水平的提高，经济受到世界经济环境变化的影响越来越大，增强基础行业的产业竞争力是必然要求。频繁的财政支持会让这些行业内企业的发展过度依赖于政府，缺乏市场的洗礼，不利于提高企业竞争力。而且通过政府投资的方式支持企业发展也未必是最优的方式。

（二）地方政府投资应有侧重点

政府投资是以各级财政支出为基础的，而各级财政支出的确定是依照政府的事权来确定的。政府投资及投资范围是财政收支权、事权划分的必然结果。各级政府间职能分工和收益要求的不同也决定了中央政府和地方政府投资的侧重领域不同。

从我国现行体制来看，地方政府是中央政府的政策执行者。地方政府同中央政府在责任划分上存在着部分交叉也是引起地方政府投资与中央政府投资相似度很高，重复建设产生的原因之一。投资范围的重叠也容易产生中央政府和地方政府的责权不清。在部分行业投资重复的同时，对于部分公共产品部门，由于政府责权划分不明确，资金支持主体不明确而最终造成公共产品和服务提供不足。因此，合理划分中央政府和地方政府投资范围有助于明晰政府责权利三者界限，提高投资的有效性，减少政府失灵的问题。

地方政府投资范围应当更加注重支持区域性公共产品和服务的提供，着力于改善区域内民生的项目。比如，在公共产品领域，地方政府可以着力于全省农林水利事业发展项目，重大科技成果应用转化，省内高速公路建设，二级河流治理等项目。同时，地方政府也可以通过在辖区内建设保障性住房，提升卫生防疫系统，提高高等教育、基础教育水平，从而提高区域社会福利水平。

此外，在部分中央和地方政府共同承担的投资范围中，比如跨地区的大型基础设施建设。这些项目往往具有较高的外部性，其收益产生的外溢性也使得一些地方政府缺乏动力去实施投资。在这种情况下，中央政府应当注重各个地区财政的不平衡。地方政府的投资不应当成为地方政府财政的负担，地方政府的投资应当保持在合理水平，在跨地区基础设施建设项目中，中央政府可以通过转移支付，明确费用承担主体等方式协调区域间投资责任和费用的划分。地方政府应当注重在这类投资中的投入力度，力争通过项目的外溢性带动本地区经济发展和外部资源的利用。

三、构建政府资源配置层级和决策权限

从投资目的来看，中央政府应致力于国家的安全、社会的进

步和提高全国经济发展的效率、增进国家的社会福利，而地方政府则主要谋求区域内的经济安全、稳定、进步与发展。资源配置的层级应当按照各层级政府投资目的、事权和财权做出合理划分。

在财权方面，中央政府要在现有的基础上运用立法手段健全转移支付制度，通过对落后区域给予必要的扶助，现行财政收入在区域间的再分配，避免中央调控管理的不公可能引起的区域间经济发展差距扩大。中央政府与地方间的财权划分，事关中央政府和地方政府的基本财政情况和经济稳定。在税收征稽方面，对于再分配潜力较大的税种以及各辖区分布极不均衡的税种，比如资源税等由中央政府负责征收。同时应尽可能简化税种、税率与税征管体系；对于地方政府征管的税收应交由地方政府自行管理，中央政府及其中央层级税收主管部门应当做好政策制定解释、工作督导等方面内容，减少对税收征稽工作的直接干预。从而为建立资源配置层级体系的形成提供基本的财税框架支持。

根据资源配置层级的划分，政府可以对投资决策权限加以划分。对决定政府投资规模和投向的决策应当由中央政府层级做出。这类投资计划，包括政府投资的中长期规划、专项投资规划等，可以由国家投资主管部门同财政部门、行业管理部门共同研究提出方案，在得到中央政府审核批准后实施。对于全国经济和社会发展影响特别重大的投资项目，也应当由中央政府审批或核准。对于需要国家投资或者即使不需要国家投资但属于国家产业政策鼓励发展规划的项目类别，也应当由中央政府审批或核准。而对于不需要国家投资同时也属于国家鼓励发展的项目类别，可以由地方政府自行决策审批或核准。这样，通过从资源配置和项目类别的特点将政府间的投资决策层级加以进一步细分，使得政府投资决策在产业结构升级方面发挥更加重要的作用。

第二节　完善政府投融资体系

一、完善政府投资决策机制

构建政府投资决策约束机制的基本目的，在于防止和避免政府决策部门与决策者产生权力寻租行为。因为政府权力一旦成为少数部门和少数人的特权，权力寻租行为就很可能产生，投资决策的科学性和效率就会受到影响。解决投资决策监管乏力的问题，还需要以科学发展观为基础，以社会主义市场经济体制的客观要求为依据，合理协调政府各管理部门间的利益。在外部，不仅要通过立法建立、健全和完善投资前的专家咨询系统和决策实施后的绩效后评价系统，而且要通过实行公开听证制度、舆论监督制度、专项监察制度等多种方式，切实加强对地方政府投资决策与资源配置部门和官员的群众监督和法律监督。

（一）完善政府投资决策责任制和责任追究机制

目前，我国已经建立了项目责任主体问责制，但是对于投资决策的问责机制尚不健全。针对这一问题，可以按照既有投资项目性质来确定决策责任的主体问责制。对以资本金方式投入的政府经营性项目，由国家授权的投资主体全面承担投资决策责任，比如国资委直属管理的中央企业。同时这些主体也应当承担项目建设、验收、管理等全过程的投资责任。一旦经营性项目出现投资决策失误，政府部门可以按照之前同投资主体签订的合同，对其追缴政府投入资本金，减少政府投资损失，并采取一定程度的处罚。对于国家授权投资主体的法人代表，由国资委根据其业绩进行考核。对于在投资决策过程中有严重违法乱纪行为的，应由司法机关介入处理。通过健全问责机制和强有力的监管执行，保证政府投资决策机制的科学性、有效性，同时这也有利于弱化在政府和投资主体间可能出现的由于"委托—代理"关系所引发的矛盾。

对于由政府直接投资运作的非经营性项目，"代建制"的全面推行基本解决了投资决策主体和建设主体的划分，明确了各个合同主体应当承担的相应责任。政府投资主管部门是这类非经营项目投资决策责任承担的主体，项目在投资决策过程中出现的问题就可以追究政府投资主管部门的责任以及决策者的行政责任。

对于重大政府投资决策失误行为，应当严肃"行政问责"制度。当政府投资决策出现重大失误时，政府首先应当保证社会公众的知情权。政府投资所运用的资金来源于社会公众，其投资行为是对社会公众的代理行为。因此，政府有义务接受社会公众的监督。社会力量的监督也有助于促进政府投资的审慎性，促进"行政问责"制度的强化实施。通过"行政问责"制度的实施，减少政府出于政绩需求而造成的盲目投资，提高投资效率，以及忽视社会环境问题的投资项目，提高投资项目的社会效益，并且并对投资决策部门及决策者产生一定的权力制约作用。

细化政府投资项目后评价同项目绩效考核挂钩的程序和方法。投资后评价是评价项目投资科学性，总结投资经验，为后续投资项目提供经验支持的重要环节。同时也是对项目决策考核的必要基础。我国在重点领域已经开始试行投资后评价工作，在中央企业经营性项目投资中，投资后评价和以此为基础的绩效考核已经越来越受到重视，并且取得了良好效果，经营性项目投资的经济性和科学性得到了一定程度的保证。但是在非经营性项目中，政府的投资决策的后评价并没有开展。通过细化投资后评价机制，并将后评价的结果纳入政府投资主管部门和具体投资决策制定和执行人员的业绩考核范围，有助于落实投资决策责任。

（二）强化政府投资资金分配和使用的集中决策制度

在很长的一段时间内，财政投资资金的使用分散在国家各个管理部门，各个管理部门都有各自领域内的投资计划。2004 年，《国家投融资体制改革方案》提出制订独立的政府投资计划。此计划在一定程度上将政府资金的分配开始集中，但是时至今日，尽管各个部门间相互协调、相互配合程度逐渐增加，但是投资资金分散在各个部门内的现象依然存在。将包括预算内资金、专项建设基金以及其他形式的用于投资活动的政府资金集中由投资主管部门统一管理，并按照既定的投资计划进行资金的统筹使用，可以避免投资资金分配决策权过度分散而造成的资金使用分散现象，以及由此所带来的投资权责不清和资金使用效率不高，重复投资的现象。

在项目计划制订和资金分配的过程中，各个部门应当广泛充分参与计划的制订和实施。通过各个部门的广泛参与，投资主管部门能够充分了解各个部门的需求情况和产业发展情况。在投资决策的制定中，应当更加注重根据项目来进行资金的分配使用，而不是简单地将资金按照各个行业的管理部门提出的项目数和投资总规模确定资金投入方向和投入金额。建立在充分了解行业需求的基础上根据具体项目做出的投资决策，有助于提高政府投资的管理效率，增加项目投资的科学性和经济效益。

（三）完善项目投资的决策程序

对于政府以资本金注入方式投资的经营性项目，其投资决策的制定很大程度上以经济效益为判断标准。目前，这类项目的决策程序已经相对成熟，通过陆续编制项目建议书、可行性研究报告、初步设计审计、开工报告等多个监管审批程序，基本可以做到投资决策有据。但是在这类项目中，还可以通过继续改进投资决策程序，从而提高政府工作审批效率，充分发挥市场的力量，有助于提高投资效率和项目经营水平。在这些环节中，通过项目编制项目建议书、可行性研究报告、初步设计环节，政府对于投资项目的投资规模、运作方式、收益预期等方面已经有了详细了解。尤其是经过对初步设计的概预算审查环节，政府对于项目投资规模已经基本确定，政府完全可以根据这些信息下达投资计划。开工报告显得并不是十分必要。因此，对于这类经营性项目投资决策流程，政府可以考虑简化现行决策程序，提高投资管理的效率。为了保证投资决策的科学性，政府可以继续在保证事前审批时对项目的了解程度，充分保留项目建议书、可行性研究报告和初步设计概算审查这些重点环节的关键控制，减少其他非必要的审核程序。再加以中期检查督导，后期业绩评估等方式形成对投资决策的有效制约。提高投资效率和经济性。

对于非经营性项目，由于存在很难衡量经济效益的特点，可行性研究报告中的重要一部分经济评价就无从判断，再加之这类项目或多或少都具有一些需求刚性。因此，项目可行性研究报告的实用性不佳。考虑将项目可行性研究报告环节取消，将非经营性项目的投资决策程序简化。在主管部门通过项目建议书充分了解项目情况，通过初步设计概算审查了解项目投资需求后，就可以根据自身的财政情况做出投资决定。使得投资决策在保证科学性的基础上，提高政府决策管理效率和管理水平。

此外，对于政府以转移支付、财政贴息、投资补助等形式的投资，政府并不是投资政策的直接制定者，也不是投资项目这直接管理者。这类项目往往是政府带有一定的政策导向和鼓励措施，以期通过政府投资的示范效应实现对社会资本的拉动。在这类投资形式中，政府作为政策的制定者，应当充分保证政策的公平性和效率，对于符合条件的项目，政府即可做出投资决策。所有投资程序仅应当只有项目的资金申请报告，政府依照资金申请报告了解情况后做出投资决策。

政府投资项目决策程序的简化并不会降低政府投资决策的科学性。投资决策程序的精简，是建设社会主义市场经济体制，提高政府项目投资决策管理效率，打造具有科学发展观政府的必然选择。

二、提高政府投资监管水平

（一）坚持投资决策、投资执行和投资监管相分离的原则

伴随着我国经济体制改革深入，政治体制改革也在相应进行。政府在解决政府投资决策监督权方面也做出了诸多尝试。根据我国现有政府部门职能设计和监督体制，通过发展改革委重大项目稽查办公室、财政部稽查特派员和审计署稽查特派员的机制，对投资项目做出有效监管。此外，国家审计署按照投资审计的要求对国家投资主管部门和财政部的投资项目决策行为实施独立审计。审计署派驻全国各个省的审计部门也每年根据计划实施审计，形成了对投资决策的有效制约。同时，监察部对政府投资项目决策履行从经济监察、行政监察和违纪处理的全方位监察，形成了部门间权利的有效制衡，保证了监管效率。在这样监管体系中，投资决策的制定和执行的日常监管在政府投资管理部门得到了充分的实施，比如发展改革委重大项目稽查办公室和财政部的特派员。同时，独立性很强的审计署的年度审计实施和监察部对政府部门的行政监察保证了监管同投资决策和执行的有效分离。完善政府投资决策监督机制的基本原则，即保证投资决策、执行和投资监督相分离的原则应当坚持不动摇。

（二）加强社会监督力量

目前，我国政府财政收支情况已经开始向社会公开，接受社会监督。项目投资规划、投资规模、投资计划以及对应的决策程序、决策依据和决策结构也应该逐渐向社会公开，并接受社会监督。但是现行政府投资信息尚未实现完全公开，社会公众对于项目投资的监督还更多的局限于结果层面，而在过程监督方面，所做工作不足。例如，一度引人关注的 2007 年厦门 PX 化工项目事件，在 2004 年项目立项通过时，并没有公众反对此项目投资，在 2007 年，105 位全国政协委员在两会期间建议项目地址迁移也没有得到政府采纳。直

到后续公众广泛参与后，项目才最终迁移。这纵然反映了社会监督力量的逐渐增强，但是也反应出社会监管关注更多的局限在投资与否的最终决策层面，对于项目本身的立项、目标、决策过程及其可能带来的详细影响关注较弱。一方面，这同投资项目公开程度有限有关；另一方面，也反映出社会监督力量的相对薄弱。

逐步实现政府投资决策的公开化，透明化是后续政府投资决策改进的重点方向。政府投资应当自觉接受社会公众的监督，对由社会公众提出的质疑及时予以回应，并及时反馈调查结果和处理意见，保证公众对事件知情的及时性。并适时鼓励对政府投资项目决策举报机制。通过公众的力量提供对政府投资决策进行有效监督，有利于政府提供公共产品的有效性，同时提高政府对于投资的监管能力。

（三）加快政府投资决策监管的专业化建设

首先，政府投资监管部门的工作人员应当具有相关的专业知识，提高对政府决策的监管水平。其次，引入市场化、专业化的社会中介机构参与对政府投资监管是非常必要的。发达国家的经验告诉我们，政府投资通过将监管任务委托给熟悉投资管理的相关咨询、工程监理等专业化的中介机构，由它们作为独立第三方对政府投资活动进行全程的咨询与监督，有助于提高政府投资监督管理的专业化水平，提高政府投资监管效率。

在我国现行的体制中，工程咨询公司、勘察设计院这些中介公司已经根据政府投资流程的需要在投资决策过程中起到了重要的咨询、评价作用。但是，目前市场上中介公司的评级机制和独立性都相对较弱。同时，一些中介公司的经营情况直接受到委托者的影响，使其独立性受到了挑战。政府对这些中介公司的市场准入监管应当逐步加强，从而提高专业性和独立性。对于执业人员的管理，也应当同国际惯例接轨，加强资格管理、继续教育和年度审核等工作。将这些咨询评估、勘察设计责任直接具体到个人，强化责任约束机制。此外，政府部门通过加强对中介市场的日常监管力度，严格制止咨询评估和勘察设计中的虚假投标、评标、中标等恶性竞争行为，保证中介市场的健康发展，使之真正在政府投资外部监管中承担独立责任，促进政府投资决策的有效性。

三、完善政府融资体系

我国现行的财政收支体系和政府投资资金来源中，政府融资体系作为财政预算收入的有益补充，有力支持了政府投资行为。尽管政府融资所获得的资金在资金使用成本和资金来源渠道同财政收入有所区别，但是同财政收支一样，政府融资依然实现了对社会资源的分配，融资资金最终投入到投资领域。在政府融资体系中，地方政府层级对于融资体系的依赖更加明显。目前，融资平台是我国地方政府主要举债行为的主体，是地方政府融资系统中的重要实施主体。融资平台通过举债经营的方式对区域内对应危机、抗击自然灾害、改善民生、保护生态和保障经济发展提供了有力支持，但是现行融资平台中也存在一些问题需要解决。

首先，应当规范地方政府融资行为。这里地方政府的融资行为主要指政府债务融资方式。我国现行法律规定并没有赋予地方政府举债权，相应的也就缺乏有关法律规范对地方政府融资行为做出规范管理。除了财政部代发行的地方政府债券之外，地方政府的举债行为主要依靠融资平台公司发起。政府多头举债、举债程序不透明的现象依然存在。因此，从法律上对政府投资行为做出制约是规范地方政府举债和地方政府融资体系的根本所在。

其次，在省级地方政府层级，可以研究给予其适度举债权。尝试将债务收支纳入预算管理，增强债务监管力度，防范债务对地方政府运营带来的风险。审计署 2011 年所作的审计表明，截至 2010 年底，在全国有 7 个省级政府并未出台地方性债务管理规定，此外还有多个地方政府在建立风险预警和控制机制、债务还贷准备金方面并没有做到有效监管。地方政府债务管理制度的缺失不但降低了地方政府举债的监管成本，容易造成脱离自身情况盲目举债的情况，也为后续地方政府偿还债务带来了很大的压力。地方政府举债归根结底是对地方政府短缺财政的补充，其资金的来源及性质同地方政府财政收支情况和地方政府发展规划密切相关。因此，将财务收支纳入预算管理不但顺理成章，而且在一方面有利于掌握政府整体资金情况，另一方面也有利于责任的落实，以及后续投资的管理。

对于地方政府的举债融资，应当实施全口径的动态监控。各级主管部门应当在控制审批规模的同时，建立备案制度。构建"债务风险预警系统"和对应的指标体系，在债务借款、使用、还款等环节建立全面的监管体系，通过日常监管和动态分析，控制债务风险。同时，应尝试将债务管理成果作为考核政府绩效和政府官员任期经济责任考核的内容，明确责任，防止违规融资，融资资金使用缺乏监管，资金绩效不高等情况。

最后，坚持按照"分类管理，区别对待"的原则，整合规范地方政府融资平台公司，规范地方政府对融资平台的监管和担保。通过兼并重组、改制等方式，促进融资平台公司的整合壮大，提高平台公司管理效率。再通过充实公司资本金、引入社会资本等形式，促进公司投资主体多元化，完善公司法人治理结构。利用财政预算和市场化方式解决资金安排、使用的问题，防止盲目上项目，变相举债的现象。谨慎处理地方政府和融资平台的关系，处理好政府对公司的支持。同时，也要注意合理制定偿债规划，避免出现偿债危机的情况。

第三节　发挥政府在推动社会主义市场经济建设中的作用

中国的经济管理体制改革正处于市场经济体制完善的关键时期。我国在资本形成机制上具有明显的二元特征，即以市场为主导的资源配置机制和以政府为主导的资源配置机制并存。一方面随着改革的不断深化，资本要素市场不断健全完善，市场机制作为调控和配置资源的基础性作用越来越强，市场对资源配置的能力明显增强；另一方面由于分权制度的完善，固化了地方政府的利益取向，并强化了地方政府对投融资活动的干预。政府在逐步放宽了对生产要素流动限制的同时，地方政府仍运用行业准入、税收、土地、财政等手段在很大程度上趋向于相对集中的配置资源，地方政府始终具有很强动员资源的能力，相应强化了以政府为主导的资源配置机制的作用强度与范围。

一、坚持经济体制转型中政府主导的作用

随着社会主义市场经济体制的确立，我国以公有制为主体、多种所有制经济共同发展的基本经济制度已经确立，全方位、多层次的对外开放格局逐渐深化，资源配置机制优化，资本市场发展迅速。同时，随着现代化企业管理体系的建立，投资管理制度改革不断深化，企业投资自主权在企业的经营管理中逐渐全面落实，投资决策责任追究制度以及市场引导投资、企业自主决策、银行独立审贷、融资方式多样等诸多改进对市场机制在宏观调控中发挥作用起到了积极促进作用。政府对于投资的资本形成机制和以政府为主导的资源配置机制效力逐渐减弱。原有政府主导型经济发展模式将逐步向政府与市场相结合的模式转变。

为了实现以市场主导资源配置的经济体制，政府主导市场化改革是必要的。政府以实现市场化为目标，利用法律强制力创造公平市场环境，培育市场，逐步扩大市场机制的作用范围，可以有力推动整个社会向市场经济体制转变。首先，政府的行政力量并不是市场化的阻碍力量，凭借行政力量实现对资源的控制是政府促进市场化建设的重要手段之一。选择政府作为制度变迁的主导，有利于降低制度变迁的成本和提高制度转型的效率。其次，市场化改革方向

能够满足政府的福利需求，在经济上取得财政收入最大化，因此市场化方向是政府沿着分权方向发展而做出的自然选择，是一种诱致性的制度变迁。[1]

政府在中国的市场化进程中处于中心位置，在以行政手段推动市场化的进程中，政府不仅是市场秩序的维护者，更是市场的培育者与建设者。在政府培育市场的过程中，只有运用政府的行政力量才能扫清阻碍市场发展的制度障碍，推动市场化进程。在计划经济体制下，政府对经济发展有绝对的主导权，中央政府和地方政府都在不同程度上控制着不同层级的经济运行管理，这也决定了从计划经济体制向市场经济体制的转型是一个涉及政府管理权的基础性制度变革。在制度转轨的过程中，也需要政府以行政手段推动市场化。此外，经济体制改革所带来的国家权力在新经济体制下的重新分配，以及政府在新体制中地位的重新定位都需要政府的参与。政府自身的市场化改革作为政治体制改革的一部分，其进程决定着整个经济体制的市场化进程。在市场机制在经济体中的作用逐渐发挥的同时，地方政府利用行政力量对市场化进程的推动也应当逐渐退出。

二、建立政府与市场相配合的协调机制

经过 60 多年的社会主义建设，尤其是 40 年的改革开放，我国的综合国力明显增强，经济发展已初具规模。但是，由于政府在资源调配、区域发展协调方面起主导作用，由此导致经济发展中寻租现象的广泛存在。寻租现象不但影响了资源使用的效率，也影响了经济发展。同时，寻租现象也对政府进一步干预经济起到了反馈作用。这也是我国社会主义经济建设中的主要问题，也是市场化进程

---

① 黄少安：《新制度经济学的发展：三个新假说及其验证》，载《经济中国之新制度经济学与中国》中国经济出版社 2004 年版，第 322~330 页。

中需要解决的问题。

社会主义市场经济体制下，运用政府与市场相配合的协调机制替代原有单纯靠政府控制协调机制制定和实施经济发展战略，其核心思想在于利用政府干预与市场机制间的优势互补，健全和完善资源配置的协调机制，全面提高资源的配置效率，实现经济可持续发展。在政府干预的层级上，中央政府当注重制度产权保护等措施，保证市场发展的基本制度需求。而地方政府作为具体的政策执行者，对区域经济的干预起到直接作用。通过全面客观了解各地区的经济发展水平、资源状况、经济发展的优势与劣势，可以因地制宜地为实行经济可持续发展战略提供基础。在此基础上，全面统筹我国国民经济发展，促进社会全面进步的同时，充分利用分区域制定经济发展战略的办法，实现资源配置的高效率和区域经济均衡发展。

对于改革开放早、经济发展水平高、民间投资和外商投资活跃、市场经济相对健全、市场发育程度高的东部沿海地区，其资源配置协调机制应主要采取市场增进方式，政府的干预手段应主要采取税收制度调整和对民间资本进行政策引导与信息指引，减少通过直接投资的方式进行干预。

对于欠发达的中部地区，国家既要对其民间投资运用市场增进方式进行必要的引导，又要运用科学合理的转移支付方式进行必要的国家推动，运用中央财政在分配方式给予必要的基本设施建设扶助。中央政府在转移支付等再分配环节起主导作用，地方政府在引导社会资本投入上占主导地位。一方面，有利于节约国家有限的投资资源；另一方面，也能通过充分调动和提高资源配置效率，充分调动地方政府与区域内企业的投资积极性，增加这些地区的投资供给。

对于经济发展比较落后、经济基础薄弱、自我积累能力弱的西部地区，区域外资本引入机制的培育与资本使用效率同东部发达地区存在一定差异，部分地区还存在人为设置资本市场的行政壁垒的情况。这也使得与原本经济发展就相对落后、资源配置市场化程度偏低的西部地区需要政府承担更多的改革压力，需要在制度创新上拓宽思路、有所作为。要通过建立更加开放、完善的生产力要素市场，增强市场协调机制的基础性调配功能。中央政府应继续适度扩大对西部地区转移支付规模，合理调节区域间资源配置利益关系。通过政策倾斜提高西部资本利润率水平，增强西部地区资本的吸纳能力。充分利用转移支付、政策优惠、行政支持等多方式加速推动西部地区市场化发展进程。加大西部地区扶持力度，大力发展能源、交通、通信等基础设施建设，改善投资环境，有效降低西部地区的投资进入成本，引导民间资本、外来资本向资源丰富的落后地区流动。地方政府也应配套中央政府投资行为，继续加强直接投资，改善西部地区基础设施，创造良好的投资环境，推动区域经济发展。西部地区地方政府应加快职能转换与机构改革步伐，切实提高地方政府的办事效率。同时要适时调整地方政府考核指标，健全和完善地方政府官员的政绩考核体系，将市场化水平纳入地方政府官员的年度绩效考核体系，以促使落后地区政府官员与时俱进、更新观念，自觉增强发展市场经济的紧迫感。

中央政府要密切关注各区域经济发展动态，适时调整区域经济发展战略及其协调机制。即随着中部和西部地区经济发展水平的不断提高，区域间经济发展差距的也可能会不断缩小，国家应逐步减少对区域经济发展与资源配置的直接干预，运用财政、金融、产业扶持等多种政策手段调控市场，逐步以市场增进替代国家推动发展，避免由于政府的主导行为产生对市场的排挤和压制效应，实现可持续发展。

配套以市场为主导的资源配置机制及政府推动和市场增进相结合的经济发展战略需要对应的政治改革。政府应当从行政审批制度改革入手，尤其是在地方政府层级，通过不断弱化地方政府的经济建设职能，淡化地方政府的投资主体地位，切实将地方政府的经济管理职能转到主要为市场主体服务和创造良好的发展环境上来，完善和规范地方决策规则与程序，建立健全地方政府行政干预投融资活动责任追究制度，以防范和杜绝地方政府随意干预投融资活动行为，同时要增强地方政府投融资管理的透明度和公信力，为更好地发挥市场调控和配置资源的基础性作用创造条件。

第四节 合理充分发挥政府投资调控的作用

一、坚持投资调控的基本原则

社会主义市场经济的确立和发展对政府的投资调控提出了更高的要求，政府在实施投资宏观调控方面应当坚持注重发挥市场机制的作用，区分投资管理和投资调控，发挥各种投资调控政策工具的组合效应。

（一）坚持投资调控与市场机制的结合

社会主义市场经济体系要求市场发挥基础调节作用的同时也强调政府的调控作用，政府调控与市场机制调节作用并不是完全相互矛盾的。我国社会主义市场经济体系的完善要求政府调控与市场调节相互配合、相互协调。在"十一五"期间，我国经济得到了快速发展，这期间的投资调控也证明了政府投资调控政策的制定和实施要尊重市场经济规律，充分利用市场调节的力量，因势利导，推动市场健康发展、平稳运行。不注重市场规律的政府调控有可能干扰投资行为和经济运行，加剧经济体系中的供需不平衡情况。市场失灵的情况客观要求政府对经济运行调控，但是我们也必须注意到政府调控也存在失灵的情况。尤其是面对区域间重复建设、行业中产能过剩这些问题时，政府调控往往需要一定的时间来发挥作用，而且最终宏观调控的实施依然要落实在市场层面的经济运行中。因此，提高政府调控的效率也需要市场调节机制的配合。只有把市场调节同政府调节充分结合起来，才能保持经济继续健康的发展。

对于投资调控，市场机制在资源配置中的基础作用是各类微观经济主体自主投资决策的基础，是保证企业竞争力和经济发展活力的根本。同时，在产业结构升级和区域经济发展中，投资调控的发挥也应当更加尊重市场机制的调节作用，并利用市场机制的作用，通过合理引导投资行为，实现投资调控的目的。为了更好地配合市场机制的作用，投资调节应当广泛运用财政政策、货币政策、区域规划布局、产业政策等多种间接调控工具，充分发挥调控政策的组合效应。必要时利用行政手段，引导行业重点企业，尤其是具有支柱地位的国有企业的投资行为，保证投资调控的效用。

（二）区分投资管理和投资调控

投资管理是政府促进经济发展，进行经济管理的职能之一，是国民经济宏观管理的一部分。投资管理更注重日常管理行为，比如项目审批，项目投融资管理等。投资管理的基础应当是政府依法管理。市场经济是法治经济。这不仅体现在社会经济主体间产权保护、合同履行、交易关系的调整与协调以及市场秩序的维护需要完备而又健全的经济法律制度体系加以保障，社会各经济主体间合法的投资权益需要以相关的法律制度为基础得以实现，而且社会经济主体与政府的经济行为都要置身于法治框架之下，都必须受到法律的平等约束。通过健全的法律体系保证政府投资管理的平稳有序，从而保证经济发展的平稳。

投资调控更要注重相机抉择。投资调控对于调控经济"过热"和"过冷"等异动情况，熨平投资周期和经济周期有重要作用。同时投资调控也是解决区域发展不平衡、产业投资不平衡等问题的需求。通过相机抉择，投资调控解决了投资中的异动情况。在异动消除后，投资调控就应当不再继续发挥作用。在有稳定的投资管理情况下，投资调控不应当频繁的干预经济运行，政府部门也不应当将投资调控固化为日常管理职能。

投资调控和投资管理的区分究其根本应当是政府职能的界定。在分权制度条件下，随着市场机制作用的有效发挥和调控能力的不断增强，以及法律制度体系的不断健全和完善，政府的行政权力虽然有所限制，但是因政府的任意行使权力引起人们预期中的政策多变现象依然存在，由此相应地导致政府权力泛化和市场经济运行低效不利于经济持续健康发展。随着分权化改革深入，政府从全能型向有限型转变是必然选择。在市场经济条件下，政府的必要职能主要的不是集中控制和配置资源，而是克服市场失灵，维持市场秩序和促进社会公平与提高资源配置效率，为有效的市场经济活动设定并组织实施合理的激励机制，消除无序竞争与垄断、克服信息不完全、不对称等。

（三）充分发挥投资调控政策工具的组合效应

随着我国开放的逐渐深入，影响投资和宏观经济平稳运行的因素越来越多。这些因素既可能源于国内，也可能源于国外；既可能表现为供需失衡，也可能表现为结构失衡。在投资调控的工具中，各种货币政策、财政政策、产业政策等调控效果和影响范围也不尽相同。

从政府职能界定来看下，政府职能的界定必须考虑政府的利益需求。政府职能是以行政权力作用的发挥为条件，以支配和调控资源配置为手段而得以实现的。政府利益取向会影响其经济行为。同时，政府的权力、义务与责任是与政府的利益需求相伴而生的，政府的利益取向决定着政府的权力结构与责任意识。在市场经济制度下，由于政府是公众利益的代表，政府与经济人之间的关系是一种服务与被服务、监管与被监管、调控与被调控的关系。政府的基本义务和责任在于保护经济人产权，健全市场竞争规则，维护市场竞争秩序，克服市场运行失灵，努力改善市场竞争的信息环境，提高行业信息与政策信息的透明度，引导和调控市场机制合理配置资源，有效提高资源配置效率。

政府职能的界定和责任的界定要求政府对宏观经济的管理分配到各个政府职能部门，只有职能部门充分了解相关领域内的市场，才能更好地对经济管理和投资调控提供先决条件。但是，我国目前的宏观经济调控职能分布在不同政府部门的情况造成了没有一个相对集中的宏观调控部门确定调控方案。这就可能造成在投资调控和经济调控中，不同部门出台的政策缺乏相互协调性，从而影响调控效果。相关部门在制定实施调整政策时，除了按照中央政府的统一部署外，更要注重职责分工和沟通配合，在充分利用本职能部门可利用的政策工具基础上，保持部门间的沟通配合，才能保证各项调控政策发挥组合效应。

二、完善政府投资调控

（一）减少投资调控措施中的行政手段

政府投资调控中的行政手段往往直接作用于微观经济主体，通过干预微观经济主体的投资决策和经营活动，对投资行为和经济结果产生影响。行政手段的调控具有容易入手，见效快的特点，但是也更容易产生不良影响。

首先，同其他经济间接调控手段和工具不同，行政手段直接作用于被调控对象，市场的调节机制并没有参与其中。而其他经济调控手段往往是利用市场调节机制，影响市场中交易的成本等因素间接达到对微观经济主体投资决策影响的作用。

其次，市场中的微观参与主体的数量显著多于能够实施行政手段的政府部门。这就造成了行政手段的作用范围并不广泛，而且具有点对点实施的效果，在实践中，只有少数的微观主体成为被调控者，这也容易造成市场中的不公平竞争。而且，这样的调节主观性较强，调控的科学性也很难得到市场的认证，调控效果也并没有直接得到市场的检验，调控效果很难把握。

最后，行政手段是由行政部门直接实施，其行政手段同投资领域的管制和监管措施十分相似。这些投资调控是由于相机抉择的需要而产生了短期调控手段。因此，如果频繁使用行政手段，会影响甚至破坏市场环境的稳定、公平和透明。

因此，随着投资体制改革的深入，行政体制改革和政府职能的转变也要求行政手段在投资调控中谨慎使用。

（二）强化调控的产业导向作用

产业结构、产业组织、产业布局等方面的内容都属于产业规划范畴，产业规划是我国经济发展规划的一部分。产业发展规划一般能够反映政府对相关产业发展导向和意见，其中对于投资的限制性政策也会包含其中。而且，产业政策一旦发布就会成为各级政府投资决策的依据，是后续几年经济发展的指导性文件。同时规划也能够对社会资本起到引导作用，是社会资本投向的重要参考。

产业规划属于计划调控范畴，属于间接调控和直接调控相结合的经济调控手段。尽管产业政策的制定是一种政府行为，是非市场性质的调控手段。但是产业政策的实施却是通过市场机制的作用起到对经济中各种经济主体的引导作用，对社会资本的流向产生影响，进而调节全社会投资总量和投资结构。在实践中，国家每五年所做的经济发展规划就在引导投资，促进重点产业的发展和重点投资领域起到了很好的导向作用。

（三）在竞争性领域加强投资信息发布

社会资本投资行为的决策出发点是追求利润最大化。在我国经济体系中，许多要素资源，如土地、环保、市场等信息存在部门垄断或流通不畅的情况，信息不对称的情况往往会造成企业投资行为的不经济性，从而产生盲目投资、重复投资等现象。因此，强化投资信息发布，引导社会资本投向，减少投资的盲目性，提高投资效率是政府调控的重要内容。

投资信息的收集和处理是一个系统工程，而且涉及政府各个部门的分工协作。这也就决定了投资信息的发布只有通过政府主导才可能很好的开展起来。从引导社会资金投向、支持企业投资决策的角度来看，投资信息应当具有综合性和系统性，只有将宏观经济情况、产业发展水平、行业供求关系、产品价格走势、产业政策和市场监管等多方面信息整合发布，才能提高投资信息的实践性和可操作性。同时投资信息发布后，信息的使用完全是经济参与体的自主决定行为，是市场机制调节主导，属于间接调控的范围。随着我国社会资本在投资中愈发重要，对经济增长的贡献逐渐增大，通过投资信息的发布提高投资效率是今后我国投资调控的重要手段。目前，我国投资信息的收集和发布还比较薄弱，仍需要政府加强信息系统建设。

三、以科学发展观指导地方政府投资行为

科学发展观的提出是对新中国成立 50 多年来，尤其是改革开放以来中国经济发展经验教训的高度概括与科学总结。既是应对中国经济社会发展关键阶段可能遇到的各种问题和挑战的指导思想，又是切实转变地方政府经济发展观念的内在需求。科学发展观是各级地方政府在日常经济社会管理中的主导思想，是解决我国经济长期存在的重增长数量、轻发展质量；重经济发展、轻社会进步；重发展规模、轻结构调整等问题的基本保障。通过"五个统筹"的基本要求，逐渐转变地方政府发展观念，转变我国经济增长方式。从过去粗犷的、资源耗费性经济增长模式向提高经济效益、资源节约、环境友好、科学发展的经济发展模式转型。

在全力推进财税、金融、投资、收入分配等经济体制改革的同时，按照科学发展观的要求促进科学、教育、文化、卫生、劳动保障等社会领域的体制改革和政府部门的政治体制改革是全面推进我国经济社会改革，进一步促进经济改革的必然要求。通过改革，消除我国市场中城乡分割、区域分割、行业分割的体制性障碍，逐渐

建立全国统一的要素市场，引导促进各生产要素在城乡间、区域间和行业间合理流动和有效配置，进而逐步缩小我国城乡差异和区域差异。

在深化政治改革方面，地方政府行政制度改革和地方政府职能转换是基础，刚性的行政指令和对市场行为的直接调控应当逐渐减少。随着地方政府职能的转变，地方政府的公共部门也应当随之调整，对于行政权力对市场经济发展影响较大的公共部门应当逐渐被限制。政府更应当注重对于市场环境和培育和对经济行为主体的服务，通过机构设置改革实现政府职能转变。

除了政府部门改革外，健全和完善地方政府官员的绩效考核体系是改革的重点内容。政府工作最终的执行者是政府官员，通过完善官员的绩效考核体系，对官员行为产生利益约束；通过建立、健全和完善激励机制与责任追究制度等方式，完善官员监管法律体系，增强对公务员行为的约束和监管，消除政府官员人浮于事、效率低下、权力寻租等不良现象，提高地方政府工作效率和官员执行力。同时，科学发展观也要求官员树立正确的政绩观，切实转变地方政府官员的工作作风，促进政府行政能力提升，建立一支勤政廉明、管理专业、服务高效的公务员队伍，打造一个调控有力、执政公正、行为规范的有效政府。

首先，需要建立一个有利于市场经济发展的制度基础。市场经济发展的基本条件之一是生产要素的自由流动。地方政府必须扩大对于改善投资环境的认识，任何促进区域内生产要素市场发展的行为都是对投资环境的改善，而不是仅仅把减免税收、补贴、土地征用等直接的投资成本降低认为是优化投资环境，从而造成地方政府之间比拼优惠政策，过分看重"招商引资"的行为。地方政府应当转而向为生产要素的自由流动和合理配置创造公平公正公开，法律制度健全，知识产权保护得当的经济秩序而努力。二是制度基础的建立要与地方政府职能转换、行政审批制度改革相适应。通过制度创新，对原有不再适应市场发展的制度进行更新，同时也需要注意保持制度的连贯性和配套性。在保证制度连贯的基础上通过提高制度的透明性保证制度的有效性。通过保证信息流动渠道畅通，使不同市场的参与者有机结合，以提高制度的有效性，促进市场公平竞争。三是要重视政府投资决策的经济效益分析，按照社会主义市场经济体制和科学发展观的原则要求，客观评价投资决策的社会经济效力，并且通过建立健全各项监管制度和法律约束，依法推进改革。通过建立有效的监督机制，促使市场参与者公平享有稳定的市场环境。

其次，合理规范财税体系下的地方政府投资行为。随着政府职能逐渐向公共管理职能过渡，政府直接投资的经济建设职能会在社会主义市场经济机制下逐渐减弱。作为支持反映政府职能的财税体系，一方面要在财政收入方面有效理顺政府与企业的利益关系，中央政府与地方政府财政收入分配关系的基础上，加强税收征管行为的规范。淡化地方政府利用行政权力追求福利最大化的利益需求，避免由于地方政府对于财政收入的追逐而产生了投资不合理的行为，鼓励地方政府向市场分权的行为。另外，在财政支出方面，应当随着政府经济管理职能的转变合理改变地方政府的财政收支范围，收缩地方政府直接投资对财政资金的占用，降低在私人部门领域的财政支出，淡化地方政府的经济建设职能。提高政府对公共物品的提供和建立维护市场环境的支出，并且考虑在保持政府财政保证预算硬约束的同时，探讨设立地方政府机动资金的可行性，使之能够随着政府职能的转型而及时配套资金支持。

最后，建立有效的信息传导体系。信息公开的及时、准确有助于提高地方政府政策与决策的公信力。一方面，要通过多渠道的信息公开能够让社会公众参与到政府决策环节，让项目决策听取民声，提高项目决策的社会效益和科学性，同时，也能够促进社会监管力量在公共管理和监督方面发挥更积极的作用。随着大众传媒的发展，新传播途径不断出现，如何利用好新的传播途径为地方政府公共管理服务也是地方政府所需要面对的新问题。另一方面，有效地信息系统也有助于将政府的政策导向同市场微观主体紧密结合，增强地方政府政策与决策的执行力，促进市场的良性竞争，改善政府公共服务管理质量，促进社会资本对公共产品的供给。信息系统的建立也有助于市场化进程的发展。地方政府对经济数据，尤其是行业数据和投资数据的及时准确发布，充分反映社会经济运行情况，为市场投资行为和方向提供指南，降低投资行为信息不对称的成本，合理引导和规范投资者的投融资行为。同时，信息系统的建立有助于加强地方政府对宏观经济和投资运行的监测分析，能够为宏观调控提供数据支持。

附　录

国务院关于投资体制改革的决定

各省、自治区、直辖市人民政府，国务院各部委、各直属机构：

改革开放以来，国家对原有的投资体制进行了一系列改革，打破了传统计划经济体制下高度集中的投资管理模式，初步形成了投资主体多元化、资金来源多渠道、投资方式多样化、项目建设市场化的新格局。但是，现行的投资体制还存在不少问题，特别是企业的投资决策权没有完全落实，市场配置资源的基础性作用尚未得到充分发挥，政府投资决策的科学化、民主化水平需要进一步提高，投资宏观调控和监管的有效性需要增强。为此，国务院决定进一步深化投资体制改革。

一、深化投资体制改革的指导思想和目标

（一）深化投资体制改革的指导思想是：按照完善社会主义市场经济体制的要求，在国家宏观调控下充分发挥市场配置资源的基础性作用，确立企业在投资活动中的主体地位，规范政府投资行为，保护投资者的合法权益，营造有利于各类投资主体公平、有序竞争的市场环境，促进生产要素的合理流动和有效配置，优化投资结构，提高投资效益，推动经济协调发展和社会全面进步。

（二）深化投资体制改革的目标是：改革政府对企业投资的管理制度，按照"谁投资、谁决策、谁收益、谁承担风险"的原则，落实企业投资自主权；合理界定政府投资职能，提高投资决策的科

学化、民主化水平，建立投资决策责任追究制度；进一步拓宽项目融资渠道，发展多种融资方式；培育规范的投资中介服务组织，加强行业自律，促进公平竞争；健全投资宏观调控体系，改进调控方式，完善调控手段；加快投资领域的立法进程；加强投资监管，维护规范的投资和建设市场秩序。通过深化改革和扩大开放，最终建立起市场引导投资、企业自主决策、银行独立审贷、融资方式多样、中介服务规范、宏观调控有效的新型投资体制。

二、转变政府管理职能，确立企业的投资主体地位

（一）改革项目审批制度，落实企业投资自主权。彻底改革现行不分投资主体、不分资金来源、不分项目性质，一律按投资规模大小分别由各级政府及有关部门审批的企业投资管理办法。对于企业不使用政府投资建设的项目，一律不再实行审批制，区别不同情况实行核准制和备案制。其中，政府仅对重大项目和限制类项目从维护社会公共利益角度进行核准，其他项目无论规模大小，均改为备案制，项目的市场前景、经济效益、资金来源和产品技术方案等均由企业自主决策、自担风险，并依法办理环境保护、土地使用、资源利用、安全生产、城市规划等许可手续和减免税确认手续。对于企业使用政府补助、转贷、贴息投资建设的项目，政府只审批资金申请报告。各地区、各部门要相应改进管理办法，规范管理行为，不得以任何名义截留下放给企业的投资决策权利。

（二）规范政府核准制。要严格限定实行政府核准制的范围，并根据变化的情况适时调整。《政府核准的投资项目目录》（以下简称《目录》）由国务院投资主管部门会同有关部门研究提出，报国务院批准后实施。未经国务院批准，各地区、各部门不得擅自增减《目录》规定的范围。

企业投资建设实行核准制的项目，仅需向政府提交项目申请报告，不再经过批准项目建议书、可行性研究报告和开工报告的程

序。政府对企业提交的项目申请报告，主要从维护经济安全、合理开发利用资源、保护生态环境、优化重大布局、保障公共利益、防止出现垄断等方面进行核准。对于外商投资项目，政府还要从市场准入、资本项目管理等方面进行核准。政府有关部门要制定严格规范的核准制度，明确核准的范围、内容、申报程序和办理时限，并向社会公布，提高办事效率，增强透明度。

（三）健全备案制。对于《目录》以外的企业投资项目，实行备案制，除国家另有规定外，由企业按照属地原则向地方政府投资主管部门备案。备案制的具体实施办法由省级人民政府自行制定。国务院投资主管部门要对备案工作加强指导和监督，防止以备案的名义变相审批。

（四）扩大大型企业集团的投资决策权。基本建立现代企业制度的特大型企业集团，投资建设《目录》内的项目，可以按项目单独申报核准，也可编制中长期发展建设规划，规划经国务院或国务院投资主管部门批准后，规划中属于《目录》内的项目不再另行申报核准，只需办理备案手续。企业集团要及时向国务院有关部门报告规划执行和项目建设情况。

（五）鼓励社会投资。放宽社会资本的投资领域，允许社会资本进入法律法规未禁入的基础设施、公用事业及其他行业和领域。逐步理顺公共产品价格，通过注入资本金、贷款贴息、税收优惠等措施，鼓励和引导社会资本以独资、合资、合作、联营、项目融资等方式，参与经营性的公益事业、基础设施项目建设。对于涉及国家垄断资源开发利用、需要统一规划布局的项目，政府在确定建设规划后，可向社会公开招标选定项目业主。鼓励和支持有条件的各种所有制企业进行境外投资。

（六）进一步拓宽企业投资项目的融资渠道。允许各类企业以股权融资方式筹集投资资金，逐步建立起多种募集方式相互补充的多层次资本市场。经国务院投资主管部门和证券监管机构批准，选择一些收益稳定的基础设施项目进行试点，通过公开发行股票、可转换债券等方式筹集建设资金。在严格防范风险的前提下，改革企业债券发行管理制度，扩大企业债券发行规模，增加企业债券品种。按照市场化原则改进和完善银行的固定资产贷款审批和相应的风险管理制度，运用银团贷款、融资租赁、项目融资、财务顾问等多种业务方式，支持项目建设。允许各种所有制企业按照有关规定申请使用国外贷款。制定相关法规，组织建立中小企业融资和信用担保体系，鼓励银行和各类合格担保机构对项目融资的担保方式进行研究创新，采取多种形式增强担保机构资本实力，推动设立中小企业投资公司，建立和完善创业投资机制。规范发展各类投资基金。鼓励和促进保险资金间接投资基础设施和重点建设工程项目。

（七）规范企业投资行为。各类企业都应严格遵守国土资源、环境保护、安全生产、城市规划等法律法规，严格执行产业政策和行业准入标准，不得投资建设国家禁止发展的项目；应诚信守法，维护公共利益，确保工程质量，提高投资效益。国有和国有控股企业应按照国有资产管理体制改革和现代企业制度的要求，建立和完善国有资产出资人制度、投资风险约束机制、科学民主的投资决策制度和重大投资责任追究制度。严格执行投资项目的法人责任制、资本金制、招标投标制、工程监理制和合同管理制。

三、完善政府投资体制，规范政府投资行为

（一）合理界定政府投资范围。政府投资主要用于关系国家安全和市场不能有效配置资源的经济和社会领域，包括加强公益性和公共基础设施建设，保护和改善生态环境，促进欠发达地区的经济和社会发展，推进科技进步和高新技术产业化。能够由社会投资建设的项目，尽可能利用社会资金建设。合理划分中央政府与地方政府的投资事权。中央政府投资除本级政权等建设外，主要安排跨地区、跨流域以及对经济和社会发展全局有重大影响的项目。

（二）健全政府投资项目决策机制。进一步完善和坚持科学的

决策规则和程序，提高政府投资项目决策的科学化、民主化水平；政府投资项目一般都要经过符合资质要求的咨询中介机构的评估论证，咨询评估要引入竞争机制，并制定合理的竞争规则；特别重大的项目还应实行专家评议制度；逐步实行政府投资项目公示制度，广泛听取各方面的意见和建议。

（三）规范政府投资资金管理。编制政府投资的中长期规划和年度计划，统筹安排、合理使用各类政府投资资金，包括预算内投资、各类专项建设基金、统借国外贷款等。政府投资资金按项目安排，根据资金来源、项目性质和调控需要，可分别采取直接投资、资本金注入、投资补助、转贷和贷款贴息等方式。以资本金注入方式投入的，要确定出资人代表。要针对不同的资金类型和资金运用方式，确定相应的管理办法，逐步实现政府投资的决策程序和资金管理的科学化、制度化和规范化。

（四）简化和规范政府投资项目审批程序，合理划分审批权限。按照项目性质、资金来源和事权划分，合理确定中央政府与地方政府之间、国务院投资主管部门与有关部门之间的项目审批权限。对于政府投资项目，采用直接投资和资本金注入方式的，从投资决策角度只审批项目建议书和可行性研究报告，除特殊情况外不再审批开工报告，同时应严格政府投资项目的初步设计、概算审批工作；采用投资补助、转贷和贷款贴息方式的，只审批资金申请报告。具体的权限划分和审批程序由国务院投资主管部门会同有关方面研究制定，报国务院批准后颁布实施。

（五）加强政府投资项目管理，改进建设实施方式。规范政府投资项目的建设标准，并根据情况变化及时修订完善。按项目建设进度下达投资资金计划。加强政府投资项目的中介服务管理，对咨询评估、招标代理等中介机构实行资质管理，提高中介服务质量。对非经营性政府投资项目加快推行"代建制"，即通过招标等方式，选择专业化的项目管理单位负责建设实施，严格控制项目投资、质量和工期，竣工验收后移交给使用单位。增强投资风险意识，建立和完善政府投资项目的风险管理机制。

（六）引入市场机制，充分发挥政府投资的效益。各级政府要创造条件，利用特许经营、投资补助等多种方式，吸引社会资本参与有合理回报和一定投资回收能力的公益事业和公共基础设施项目建设。对于具有垄断性的项目，试行特许经营，通过业主招标制度，开展公平竞争，保护公众利益。已经建成的政府投资项目，具备条件的经过批准可以依法转让产权或经营权，以回收的资金滚动投资于社会公益等各类基础设施建设。

四、加强和改善投资的宏观调控

（一）完善投资宏观调控体系。国家发展和改革委员会要在国务院领导下会同有关部门，按照职责分工，密切配合、相互协作、有效运转、依法监督，调控全社会的投资活动，保持合理投资规模，优化投资结构，提高投资效益，促进国民经济持续快速协调健康发展和社会全面进步。

（二）改进投资宏观调控方式。综合运用经济的、法律的和必要的行政手段，对全社会投资进行以间接调控方式为主的有效调控。国务院有关部门要依据国民经济和社会发展中长期规划，编制教育、科技、卫生、交通、能源、农业、林业、水利、生态建设、环境保护、战略资源开发等重要领域的发展建设规划，包括必要的专项发展建设规划，明确发展的指导思想、战略目标、总体布局和主要建设项目等。按照规定程序批准的发展建设规划是投资决策的重要依据。各级政府及其有关部门要努力提高政府投资效益，引导社会投资。制定并适时调整国家固定资产投资指导目录、外商投资产业指导目录，明确国家鼓励、限制和禁止投资的项目。建立投资信息发布制度，及时发布政府对投资的调控目标、主要调控政策、重点行业投资状况和发展趋势等信息，引导全社会投资活动。建立科学的行业准入制度，规范重点行业的环保标准、安全标准、能耗水耗标准和产品技术、质量标准，防止低水平重复建设。

（三）协调投资宏观调控手段。根据国民经济和社会发展要求以及宏观调控需要，合理确定政府投资规模，保持国家对全社会投资的积极引导和有效调控。灵活运用投资补助、贴息、价格、利率、税收等多种手段，引导社会投资，优化投资的产业结构和地区结构。适时制定和调整信贷政策，引导中长期贷款的总量和投向。严格和规范土地使用制度，充分发挥土地供应对社会投资的调控和引导作用。

（四）加强和改进投资信息、统计工作。加强投资统计工作，改革和完善投资统计制度，进一步及时、准确、全面地反映全社会固定资产存量和投资的运行态势，并建立各类信息共享机制，为投资宏观调控提供科学依据。建立投资风险预警和防范体系，加强对宏观经济和投资运行的监测分析。

五、加强和改进投资的监督管理

（一）建立和完善政府投资监管体系。建立政府投资责任追究制度，工程咨询、投资项目决策、设计、施工、监理等部门和单位，都应有相应的责任约束，对不遵守法律法规给国家造成重大损失的，要依法追究有关责任人的行政和法律责任。完善政府投资制衡机制，投资主管部门、财政主管部门以及有关部门，要依据职能分工，对政府投资的管理进行相互监督。审计机关要依法全面履行职责，进一步加强对政府投资项目的审计监督，提高政府投资管理水平和投资效益。完善重大项目稽查制度，建立政府投资项目后评价制度，对政府投资项目进行全过程监管。建立政府投资项目的社会监督机制，鼓励公众和新闻媒体对政府投资项目进行监督。

（二）建立健全协同配合的企业投资监管体系。国土资源、环境保护、城市规划、质量监督、银行监管、证券监管、外汇管理、工商管理、安全生产监管等部门，要依法加强对企业投资活动的监管，凡不符合法律法规和国家政策规定的，不得办理相关许可手续。在建设过程中不遵守有关法律法规的，有关部门要责令其及时改正，并依法严肃处理。各级政府投资主管部门要加强对企业投资项目的事中和事后监督检查，对于不符合产业政策和行业准入标准的项目，以及不按规定履行相应核准或许可手续而擅自开工建设的项目，要责令其停止建设，并依法追究有关企业和人员的责任。审计机关依法对国有企业的投资进行审计监督，促进国有资产保值增值。建立企业投资诚信制度，对于在项目申报和建设过程中提供虚假信息、违反法律法规的，要予以惩处，并公开披露，在一定时间内限制其投资建设活动。

（三）加强对投资中介服务机构的监管。各类投资中介服务机构均须与政府部门脱钩，坚持诚信原则，加强自我约束，为投资者提供高质量、多样化的中介服务。鼓励各种投资中介服务机构采取合伙制、股份制等多种形式改组改造。健全和完善投资中介服务机构的行业协会，确立法律规范、政府监督、行业自律的行业管理体制。打破地区封锁和行业垄断，建立公开、公平、公正的投资中介服务市场，强化投资中介服务机构的法律责任。

（四）完善法律法规，依法监督管理。建立健全与投资有关的法律法规，依法保护投资者的合法权益，维护投资主体公平、有序竞争，投资要素合理流动、市场发挥配置资源的基础性作用的市场环境，规范各类投资主体的投资行为和政府的投资管理活动。认真贯彻实施有关法律法规，严格财经纪律，堵塞管理漏洞，降低建设成本，提高投资效益。加强执法检查，培育和维护规范的建设市场秩序。

附件：政府核准的投资项目目录（2004 年本）

国务院

二〇〇四年七月十六日

附件

政府核准的投资项目目录（2004 年本）

简要说明：

（一）本目录所列项目，是指企业不使用政府性资金投资建设的重大和限制类固定资产投资项目。

（二）企业不使用政府性资金投资建设本目录以外的项目，除国家法律法规和国务院专门规定禁止投资的项目以外，实行备案管理。

（三）国家法律法规和国务院有专门规定的项目的审批或核准，按有关规定执行。

（四）本目录对政府核准权限做出了规定。其中：

1. 目录规定"由国务院投资主管部门核准"的项目，由国务院投资主管部门会同行业主管部门核准，其中重要项目报国务院核准。

2. 目录规定"由地方政府投资主管部门核准"的项目，由地方政府投资主管部门会同同级行业主管部门核准。省级政府可根据当地情况和项目性质，具体划分各级地方政府投资主管部门的核准权限，但目录明确规定"由省级政府投资主管部门核准"的，其核准权限不得下放。

3. 根据促进经济发展的需要和不同行业的实际情况，可对特大型企业的投资决策权限特别授权。

（五）本目录为 2004 年本。根据情况变化，将适时调整。

一、农林水利

农业：涉及开荒的项目由省级政府投资主管部门核准。

水库：国际河流和跨省（区、市）河流上的水库项目由国务院投资主管部门核准，其余项目由地方政府投资主管部门核准。

其他水事工程：需中央政府协调的国际河流、涉及跨省（区、市）水资源配置调整的项目由国务院投资主管部门核准，其余项目由地方政府投资主管部门核准。

二、能源

（一）电力。

水电站：在主要河流上建设的项目和总装机容量 25 万千瓦及以上项目由国务院投资主管部门核准，其余项目由地方政府投资主管部门核准。

抽水蓄能电站：由国务院投资主管部门核准。

火电站：由国务院投资主管部门核准。

热电站：燃煤项目由国务院投资主管部门核准，其余项目由地方政府投资主管部门核准。

风电站：总装机容量 5 万千瓦及以上项目由国务院投资主管部门核准，其余项目由地方政府投资主管部门核准。

核电站：由国务院核准。

电网工程：330 千伏及以上电压等级的电网工程由国务院投资主管部门核准，其余项目由地方政府投资主管部门核准。

（二）煤炭。

煤矿：国家规划矿区内的煤炭开发项目由国务院投资主管部门核准，其余一般煤炭开发项目由地方政府投资主管部门核准。

煤炭液化：年产 50 万吨及以上项目由国务院投资主管部门核准，其他项目由地方政府投资主管部门核准。

（三）石油、天然气。

原油：年产 100 万吨及以上的新油田开发项目由国务院投资主管部门核准，其他项目由具有石油开采权的企业自行决定，报国务院投资主管部门备案。

天然气：年产 20 亿立方米及以上新气田开发项目由国务院投

资主管部门核准，其他项目由具有天然气开采权的企业自行决定，报国务院投资主管部门备案。

液化石油气接收、存储设施（不含油气田、炼油厂的配套项目）：由省级政府投资主管部门核准。

进口液化天然气接收、储运设施：由国务院投资主管部门核准。

国家原油存储设施：由国务院投资主管部门核准。

输油管网（不含油田集输管网）：跨省（区、市）干线管网项目由国务院投资主管部门核准。

输气管网（不含油气田集输管网）：跨省（区、市）或年输气能力 5 亿立方米及以上项目由国务院投资主管部门核准，其余项目由省级政府投资主管部门核准。

三、交通运输

（一）铁道。

新建（含增建）铁路：跨省（区、市）或 100 千米及以上项目由国务院投资主管部门核准，其余项目按隶属关系分别由国务院行业主管部门或省级政府投资主管部门核准。

（二）公路。

公路：国道主干线、西部开发公路干线、国家高速公路网、跨省（区、市）的项目由国务院投资主管部门核准，其余项目由地方政府投资主管部门核准。

独立公路桥梁、隧道：跨境、跨海湾、跨大江大河（通航段）的项目由国务院投资主管部门核准，其余项目由地方政府投资主管部门核准。

（三）水运。

煤炭、矿石、油气专用泊位：新建港区和年吞吐能力 200 万吨及以上项目由国务院投资主管部门核准，其余项目由省级政府投资主管部门核准。

集装箱专用码头：由国务院投资主管部门核准。

内河航运：千吨级以上通航建筑物项目由国务院投资主管部门核准，其余项目由地方政府投资主管部门核准。

（四）民航。

新建机场：由国务院核准。

扩建机场：总投资 10 亿元及以上项目由国务院投资主管部门核准，其余项目按隶属关系由国务院行业主管部门或地方政府投资主管部门核准。

扩建军民合用机场：由国务院投资主管部门会同军队有关部门核准。

四、信息产业

电信：国内干线传输网（含广播电视网）、国际电信传输电路、国际关口站、专用电信网的国际通信设施及其他涉及信息安全的电信基础设施项目由国务院投资主管部门核准。

邮政：国际关口站及其他涉及信息安全的邮政基础设施项目由国务院投资主管部门核准。

电子信息产品制造：卫星电视接收机及关键件、国家特殊规定的移动通信系统及终端等生产项目由国务院投资主管部门核准。

五、原材料

钢铁：已探明工业储量 5000 万吨及以上规模的铁矿开发项目和新增生产能力的炼铁、炼钢、轧钢项目由国务院投资主管部门核准，其他铁矿开发项目由省级政府投资主管部门核准。

有色：新增生产能力的电解铝项目、新建氧化铝项目和总投资 5 亿元及以上的矿山开发项目由国务院投资主管部门核准，其他矿山开发项目由省级政府投资主管部门核准。

石化：新建炼油及扩建一次炼油项目、新建乙烯及改扩建新增能力超过年产 20 万吨乙烯项目，由国务院投资主管部门核准。

化工原料：新建 PTA、PX、MDI、TDI 项目，以及 PTA、PX 改造能力超过年产 10 万吨的项目，由国务院投资主管部门核准。

化肥：年产 50 万吨及以上钾矿肥项目由国务院投资主管部门核准，其他磷、钾矿肥项目由地方政府投资主管部门核准。

水泥：除禁止类项目外，由省级政府投资主管部门核准。

稀土：矿山开发、冶炼分离和总投资 1 亿元及以上稀土深加工项目由国务院投资主管部门核准，其余稀土深加工项目由省级政府投资主管部门核准。

黄金：日采选矿石 500 吨及以上项目由国务院投资主管部门核准，其他采选矿项目由省级政府投资主管部门核准。

六、机械制造

汽车：按照国务院批准的专项规定执行。

船舶：新建 10 万吨级以上造船设施（船台、船坞）和民用船舶中、低速柴油机生产项目由国务院投资主管部门核准。

城市轨道交通：城市轨道交通车辆、信号系统和牵引传动控制系统制造项目由国务院投资主管部门核准。

七、轻工烟草

纸浆：年产 10 万吨及以上纸浆项目由国务院投资主管部门核准，年产 3.4（含）万～10（不含）万吨纸浆项目由省级政府投资主管部门核准，其他纸浆项目禁止建设。

变性燃料乙醇：由国务院投资主管部门核准。

聚酯：日产 300 吨及以上项目由国务院投资主管部门核准。

制盐：由国务院投资主管部门核准。

糖：日处理糖料 1500 吨及以上项目由省级政府投资主管部门核准，其他糖料项目禁止建设。

烟草：卷烟、烟用二醋酸纤维素及丝束项目由国务院投资主管部门核准。

八、高新技术

民用航空航天：民用飞机（含直升机）制造、民用卫星制造、民用遥感卫星地面站建设项目由国务院投资主管部门核准。

九、城建

城市快速轨道交通：由国务院核准。

城市供水：跨省（区、市）日调水 50 万吨及以上项目由国务院投资主管部门核准，其他城市供水项目由地方政府投资主管部门核准。

城市道路桥梁：跨越大江大河（通航段）、重要海湾的桥梁、隧道项目由国务院投资主管部门核准。

其他城建项目：由地方政府投资主管部门核准。

十、社会事业

教育、卫生、文化、广播电影电视：大学城、医学城及其他园区性建设项目由国务院投资主管部门核准。

旅游：国家重点风景名胜区、国家自然保护区、国家重点文物保护单位区域内总投资 5000 万元及以上旅游开发和资源保护设施，世界自然、文化遗产保护区内总投资 3000 万元及以上项目由国务院投资主管部门核准。

体育：F1 赛车场由国务院投资主管部门核准。

娱乐：大型主题公园由国务院核准。

其他社会事业项目：按隶属关系由国务院行业主管部门或地方政府投资主管部门核准。

十一、金融

印钞、造币、钞票纸项目由国务院投资主管部门核准。

十二、外商投资

《外商投资产业指导目录》中总投资（包括增资）1亿美元及以上鼓励类、允许类项目由国家发展和改革委员会核准。

《外商投资产业指导目录》中总投资（包括增资）5000万美元及以上限制类项目由国家发展和改革委员会核准。

国家规定的限额以上、限制投资和涉及配额、许可证管理的外商投资企业的设立及其变更事项；大型外商投资项目的合同、章程及法律特别规定的重大变更（增资减资、转股、合并）事项，由商务部核准。

上述项目之外的外商投资项目由地方政府按照有关法规办理核准。

十三、境外投资

中方投资3000万美元及以上资源开发类境外投资项目由国家发展和改革委员会核准。

中方投资用汇额1000万美元及以上的非资源类境外投资项目由国家发展和改革委员会核准。

上述项目之外的境外投资项目，中央管理企业投资的项目报国家发展和改革委员会、商务部备案；其他企业投资的项目由地方政府按照有关法规办理核准。

国内企业对外投资开办企业（金融企业除外）由商务部核准。

附表

年度	地区	CAP （万元）	EMPLOY （万人）	GDP （亿元）	EXP （万美元）	INV （亿元）
1995	北　京	1544028.00	669.50	1507.69	227027.00	518.28
1996	北　京	1874472.00	660.90	1615.73	208624.00	541.65
1997	北　京	2363940.00	660.80	1810.09	961103.00	600.69

年度	地区	CAP （万元）	EMPLOY （万人）	GDP （亿元）	EXP （万美元）	INV （亿元）
1998	北　京	2806827.00	624.30	2011.31	1051293.00	721.81
1999	北　京	3551932.00	621.86	2174.46	990352.00	741.39
2000	北　京	4429969.00	622.15	2478.76	1196813.00	758.06
2001	北　京	5591063.00	629.54	3710.52	1177236.00	744.86
2002	北　京	6283496.00	798.90	4330.40	1261386.00	762.67
2003	北　京	7348043.00	858.60	5023.77	1688682.00	728.91
2004	北　京	8982756.00	895.02	6060.28	2056926.00	734.37
2005	北　京	10583114.00	920.35	6886.31	3086590.00	821.27
2006	北　京	12968389.00	1015.89	7870.28	3795398.00	829.66
2007	北　京	18290601.00	1111.42	9353.32	4892639.40	1014.38
2008	北　京	19592857.00	1173.80	10488.03	5749960.90	1019.16
2009	北　京	23193700.00	1255.08	12153.03	4837932.00	1546.65
1995	天　津	933313.00	489.70	931.97	299841.00	245.76
1996	天　津	1132066.00	484.90	1102.40	404913.00	257.64
1997	天　津	1227843.00	491.60	1235.28	524387.00	279.12
1998	天　津	1379265.00	427.00	1336.38	549874.00	302.25
1999	天　津	1574122.00	421.12	1450.06	633134.00	329.94
2000	天　津	1870521.00	406.69	1639.36	862578.00	255.52
2001	天　津	2346673.00	410.50	1919.09	948719.00	248.76
2002	天　津	2652103.00	403.10	1919.09	1163169.00	319.97
2003	天　津	3120771.00	419.68	2578.03	1434940.00	472.19
2004	天　津	3750212.00	421.96	3110.97	2085175.00	484.00
2005	天　津	4421207.00	426.88	3697.62	2738088.00	591.39
2006	天　津	5431219.00	429.81	4359.15	3349078.00	559.57
2007	天　津	7466452.00	432.74	5050.40	3807405.20	770.06

续表

年度	地区	CAP （万元）	EMPLOY （万人）	GDP （亿元）	EXP （万美元）	INV （亿元）
2008	天　津	8677245.00	503.14	6354.38	4210299.10	1132.43
2009	天　津	11242800.00	507.26	7521.85	2989271.90	1759.97
1995	河　北	1911822.00	3367.30	2849.52	286635.00	411.04
1996	河　北	2318975.00	3391.20	3452.97	308989.00	507.24
1997	河　北	2704603.00	3415.00	3953.78	323902.00	641.67
1998	河　北	3015508.00	3382.90	4256.01	311617.00	726.89
1999	河　北	3507969.00	3399.92	4569.19	311914.00	811.46
2000	河　北	4155374.00	3441.24	5088.96	371000.00	827.66
2001	河　北	5141754.00	3379.61	5516.76	395474.00	775.95
2002	河　北	5765891.00	3385.60	6018.28	459411.00	724.02
2003	河　北	6467439.00	3389.47	6921.29	592754.00	831.38
2004	河　北	7855591.00	3416.37	8477.63	933926.00	1030.80
2005	河　北	9791635.00	3467.27	10096.11	1092430.00	1215.51
2006	河　北	11803590.00	3517.23	11660.43	1283400.00	1365.32
2007	河　北	17760830.00	3567.19	13709.50	1700040.60	1496.53
2008	河　北	18816696.00	3651.66	16188.61	2400412.10	1697.99
2009	河　北	23475900.00	3899.73	17235.48	1568890.20	2630.46
1995	山　西	1128924.00	1460.40	1076.03	114367.00	205.44
1996	山　西	1331823.00	1478.00	1308.01	97700.00	232.24
1997	山　西	1435129.00	1483.20	1480.13	112812.00	280.41
1998	山　西	1644083.00	1429.00	1486.08	89321.00	329.91
1999	山　西	1853388.00	1434.31	1506.78	83951.00	319.45
2000	山　西	2250554.00	1419.06	1643.81	123687.00	347.21
2001	山　西	2895027.00	1412.94	2029.53	146626.00	405.11
2002	山　西	3342741.00	1417.30	2324.80	166161.00	415.65

年度	地 区	CAP（万元）	EMPLOY（万人）	GDP（亿元）	EXP（万美元）	INV（亿元）
2003	山　西	4156866.00	1469.47	2855.23	227202.00	463.65
2004	山　西	5190569.00	1474.58	3571.37	403447.00	556.82
2005	山　西	6687508.00	1476.37	4179.52	352849.00	797.91
2006	山　西	9155698.00	1513.23	4752.54	413963.00	881.22
2007	山　西	12599992.00	1550.10	5733.35	653249.20	1003.83
2008	山　西	13150175.00	1583.46	6938.73	925311.60	1382.80
2009	山　西	15617000.00	1599.65	7358.31	283745.50	2272.77
1995	内蒙古	1021780.00	1024.50	857.06	60840.00	191.13
1996	内蒙古	1263825.00	1042.80	984.78	68590.00	197.88
1997	内蒙古	1429118.00	1050.30	1099.77	65540.00	197.32
1998	内蒙古	1703133.00	1006.80	1192.29	52579.00	204.24
1999	内蒙古	1997964.00	1016.97	1268.20	53460.00	215.51
2000	内蒙古	2472681.00	1016.60	1401.01	97017.00	263.04
2001	内蒙古	3192570.00	1013.33	1713.81	62698.00	269.69
2002	内蒙古	3935743.00	1010.10	1940.94	80667.00	365.61
2003	内蒙古	4472566.00	1005.21	2388.38	115569.00	607.02
2004	内蒙古	5641117.00	1019.15	3041.07	135447.00	871.04
2005	内蒙古	6818772.00	1041.13	3895.55	177362.00	1233.52
2006	内蒙古	8121330.00	1061.33	4791.48	214050.00	1263.00
2007	内蒙古	12763371.00	1081.53	6091.12	294439.40	1704.57
2008	内蒙古	14545732.00	1103.28	7761.80	359185.00	2010.51
2009	内蒙古	19268400.00	1142.47	9740.25	231547.60	2830.96
1995	辽　宁	2738331.00	2034.00	2793.40	825800.00	584.87
1996	辽　宁	3147796.00	2030.90	3157.69	833800.00	544.66
1997	辽　宁	3406269.00	2063.30	3582.46	915645.00	573.76

年度	地 区	CAP （万元）	EMPLOY （万人）	GDP （亿元）	EXP （万美元）	INV （亿元）
1998	辽 宁	3902863.00	1818.20	3881.73	805499.00	651.21
1999	辽 宁	4579016.00	1796.41	4171.69	819988.00	662.95
2000	辽 宁	5180841.00	1812.57	4669.06	1085632.00	649.42
2001	辽 宁	6354295.00	1833.38	5033.08	1099969.00	690.71
2002	辽 宁	6909202.00	1842.00	5458.22	1236656.00	648.90
2003	辽 宁	7843764.00	1861.30	6002.54	1457935.00	712.22
2004	辽 宁	9313979.00	1951.60	6672.00	1891351.00	930.59
2005	辽 宁	12043636.00	1978.60	7860.85	2343832.00	1245.53
2006	辽 宁	14227471.00	2024.93	9251.15	2831942.00	1479.15
2007	辽 宁	20354381.00	2071.26	11023.49	3532408.90	1819.97
2008	辽 宁	21534348.00	2098.21	13461.57	4206949.70	2223.96
2009	辽 宁	26823900.00	2189.96	15212.49	3341492.80	2547.67
1995	吉 林	1209012.00	1254.50	1137.23	109601.00	210.57
1996	吉 林	1455266.00	1257.50	1337.16	97196.00	254.00
1997	吉 林	1677548.00	1237.30	1446.91	93233.00	223.43
1998	吉 林	1900966.00	1127.40	1557.78	74809.00	262.61
1999	吉 林	2346231.00	1102.76	1660.91	101877.00	300.08
2000	吉 林	2606694.00	1078.87	1821.19	125683.00	318.52
2001	吉 林	3264343.00	1057.22	2120.35	146155.00	368.67
2002	吉 林	3626170.00	1095.30	2348.54	176849.00	349.80
2003	吉 林	4092265.00	1044.62	2662.08	218228.00	416.44
2004	吉 林	5077758.00	1115.59	3122.01	171475.00	456.36
2005	吉 林	6311212.00	1099.41	3620.27	246616.00	617.57
2006	吉 林	7183588.00	1097.80	4275.12	299665.00	786.86
2007	吉 林	10254154.00	1096.19	5284.69	385705.60	999.04

年度	地 区	CAP（万元）	EMPLOY（万人）	GDP（亿元）	EXP（万美元）	INV（亿元）
2008	吉　林	11801223.00	1143.51	6424.06	477162.90	1273.26
2009	吉　林	14792100.00	1184.71	7278.75	312493.50	1766.82
1995	黑龙江	1746089.00	1552.40	1991.40	209589.00	380.10
1996	黑龙江	2088833.00	1567.40	2402.58	181103.00	427.57
1997	黑龙江	2203829.00	1658.60	2708.46	130872.00	530.96
1998	黑龙江	2594246.00	1723.00	2798.89	90863.00	610.19
1999	黑龙江	3390342.00	1679.87	2897.41	95714.00	567.28
2000	黑龙江	3818736.00	1634.96	3253.00	145118.00	452.45
2001	黑龙江	4782724.00	1631.00	3390.13	161166.00	531.82
2002	黑龙江	5318682.00	1626.50	3637.20	198665.00	537.25
2003	黑龙江	5649080.00	1622.42	4057.40	287426.00	573.63
2004	黑龙江	6975516.00	1623.33	4750.60	368069.00	641.78
2005	黑龙江	7877854.00	1625.84	5511.50	606944.00	784.14
2006	黑龙江	9685255.00	1642.85	6188.90	843595.00	915.80
2007	黑龙江	13552232.00	1659.86	7065.00	1225712.20	1153.00
2008	黑龙江	15423004.00	1670.16	8310.00	1680624.40	1528.34
2009	黑龙江	18777400.00	1687.47	8587.00	1008212.70	2062.41
1995	上　海	2600023.00	768.00	2499.43	1157700.00	935.92
1996	上　海	3331773.00	764.30	2902.20	1323800.00	1040.37
1997	上　海	4088139.00	770.20	3360.21	1506897.00	1151.05
1998	上　海	4700472.00	670.00	3688.20	1594674.00	1088.71
1999	上　海	5335364.00	677.32	4034.96	1879958.00	986.82
2000	上　海	6085621.00	673.11	4551.15	2535233.00	826.83
2001	上　海	7081382.00	692.38	5210.12	2762133.00	760.58
2002	上　海	8623847.00	742.80	5741.03	3203739.00	720.64

续表

年度	地 区	CAP （万元）	EMPLOY （万人）	GDP （亿元）	EXP （万美元）	INV （亿元）
2003	上 海	10884386.00	771.53	6694.23	4845296.00	785.47
2004	上 海	13825254.00	812.30	8072.83	7350526.00	909.31
2005	上 海	16462550.00	855.86	9164.10	9071752.00	1202.61
2006	上 海	17955660.00	866.22	10366.37	11358927.00	1266.37
2007	上 海	23642915.00	876.58	12188.85	14384610.80	1552.99
2008	上 海	25939161.00	896.00	13698.15	16914514.20	2081.04
2009	上 海	29896500.00	929.24	15046.45	14179602.70	2368.85
1995	江 苏	2534881.00	3765.40	5155.25	978166.00	583.60
1996	江 苏	3109426.00	3747.70	6004.21	1160098.00	697.81
1997	江 苏	3643605.00	3745.50	6680.34	1409624.00	783.07
1998	江 苏	4249003.00	3635.00	7199.95	1561997.00	969.44
1999	江 苏	4846506.00	3595.81	7697.82	1830582.00	1052.78
2000	江 苏	5912810.00	3558.84	8582.73	2576683.00	1137.93
2001	江 苏	7296421.00	3565.37	9456.84	2886988.00	1219.70
2002	江 苏	8602526.00	3505.60	10606.85	3846512.00	1422.05
2003	江 苏	10476812.00	3610.25	12442.87	5911302.00	1998.18
2004	江 苏	13120404.00	3719.70	15003.60	8749423.00	2003.22
2005	江 苏	16733965.00	3877.73	18305.66	12296671.00	2043.59
2006	江 苏	20132502.00	4035.45	21645.08	16040962.00	2015.72
2007	江 苏	29919944.00	4193.17	25741.15	20360978.00	1961.14
2008	江 苏	32474927.00	4384.07	30312.61	23802940.80	2326.52
2009	江 苏	40173600.00	4536.13	34457.30	19919919.00	3381.65
1995	浙 江	1802909.00	2700.70	3557.55	769782.00	440.14
1996	浙 江	2137083.00	2701.90	4146.06	804147.00	529.16
1997	浙 江	2401592.00	2700.30	4638.24	1008533.00	547.17

年度	地 区	CAP （万元）	EMPLOY （万人）	GDP （亿元）	EXP （万美元）	INV （亿元）
1998	浙　江	2868113.00	2651.10	4987.50	1086335.00	653.98
1999	浙　江	3440424.00	2660.92	5364.89	1287144.00	743.88
2000	浙　江	4312958.00	2700.47	6036.34	1944275.00	875.69
2001	浙　江	5972991.00	2771.99	6898.34	2297428.00	1029.64
2002	浙　江	7499039.00	2834.70	8003.67	2941068.00	1100.90
2003	浙　江	8967740.00	2961.89	9705.02	4159497.00	1381.43
2004	浙　江	10629355.00	3092.01	11648.70	5813854.00	1515.33
2005	浙　江	12655345.00	3202.88	13437.85	7680245.00	1738.24
2006	浙　江	14718593.00	3409.13	15742.51	10089056.00	1812.70
2007	浙　江	21357076.00	3615.38	18780.44	12826397.30	1850.72
2008	浙　江	22085756.00	3691.85	21486.92	15429623.00	2010.39
2009	浙　江	26533500.00	3825.18	22990.35	13301295.40	2545.61
1995	安　徽	1358776.00	3206.80	1810.66	139358.00	266.17
1996	安　徽	1787143.00	3246.10	2339.25	131404.00	294.96
1997	安　徽	2072408.00	3321.70	2669.95	154783.00	283.37
1998	安　徽	2420656.00	3311.00	2805.45	151214.00	330.03
1999	安　徽	2886031.00	3312.47	2908.58	167607.00	343.58
2000	安　徽	3234728.00	3372.92	3038.24	217198.00	428.76
2001	安　徽	4037988.00	3389.67	3246.71	228191.00	467.45
2002	安　徽	4568579.00	3403.80	3519.72	245313.00	513.46
2003	安　徽	5074398.00	3415.96	3923.10	306363.00	594.45
2004	安　徽	6015280.00	3453.20	4759.32	393681.00	716.54
2005	安　徽	7130633.00	3484.67	5375.12	518850.00	847.34
2006	安　徽	9402329.00	3541.14	6148.73	683775.00	1039.41
2007	安　徽	14397832.00	3597.62	7364.18	881373.40	1452.30

续表

年度	地区	CAP （万元）	EMPLOY （万人）	GDP （亿元）	EXP （万美元）	INV （亿元）
2008	安 徽	16471253.00	3594.59	8874.17	1136411.10	1766.92
2009	安 徽	21419200.00	3689.75	10062.82	888648.70	2422.92
1995	福 建	1715798.00	1567.00	2094.90	790806.00	306.74
1996	福 建	2003058.00	1593.50	2583.83	838239.00	323.20
1997	福 建	2243565.00	1613.40	3000.36	1026480.00	368.64
1998	福 建	2548663.00	1621.90	3286.56	995794.00	429.62
1999	福 建	2792361.00	1630.87	3550.24	1035166.00	427.71
2000	福 建	3241839.00	1660.17	3920.07	1290607.00	407.19
2001	福 建	3731855.00	1677.78	4072.85	1392124.00	435.44
2002	福 建	3975582.00	1711.30	4467.55	1737063.00	451.44
2003	福 建	4523010.00	1756.67	4983.67	2113173.00	512.73
2004	福 建	5166787.00	1817.52	5763.35	2939476.00	571.90
2005	福 建	5930663.00	1868.50	6568.93	3484187.00	730.44
2006	福 建	7286973.00	1933.68	7614.55	4126174.00	921.27
2007	福 建	10725533.00	1998.87	9249.13	4993757.30	1350.26
2008	福 建	11377159.00	2079.78	10823.11	5699184.30	1691.06
2009	福 建	14118200.00	2168.85	12236.53	5331911.00	2069.45
1995	江 西	1103381.00	2059.20	1169.73	101035.00	157.91
1996	江 西	1318475.00	2064.40	1517.26	85243.00	176.87
1997	江 西	1501570.00	2077.70	1715.18	111394.00	199.12
1998	江 西	1752605.00	1971.30	1851.98	101732.00	243.22
1999	江 西	2078293.00	1961.34	1853.65	90606.00	250.59
2000	江 西	2234722.00	1935.28	2003.07	119741.00	279.78
2001	江 西	2837144.00	1933.07	2175.68	103908.00	331.29
2002	江 西	3413843.00	1955.10	2450.48	105198.00	431.91

续表

年度	地区	CAP（万元）	EMPLOY（万人）	GDP（亿元）	EXP（万美元）	INV（亿元）
2003	江　西	3820981.00	1972.25	2807.41	150490.00	596.36
2004	江　西	4540598.00	2039.81	3456.70	199475.00	724.01
2005	江　西	5639525.00	2107.48	4056.76	243934.00	862.27
2006	江　西	6964361.00	2151.56	4670.53	375302.00	1062.49
2007	江　西	10517415.00	2195.65	5500.25	544458.70	1065.39
2008	江　西	12100730.00	2223.29	6480.33	772665.60	1232.34
2009	江　西	15623700.00	2244.15	7655.18	736848.80	1710.99
1995	山　东	2758656.00	4625.40	4953.35	816101.00	599.79
1996	山　东	3589836.00	4649.70	5960.42	918298.00	681.94
1997	山　东	4077878.00	4707.00	6650.02	1096569.00	767.66
1998	山　东	4878175.00	4657.20	7162.20	1044385.00	930.43
1999	山　东	5500034.00	4698.55	7662.10	1157645.00	1052.61
2000	山　东	6130774.00	4661.82	8542.44	1552884.00	1167.85
2001	山　东	7537781.00	4671.64	9195.04	1811694.00	1175.30
2002	山　东	8606484.00	4751.90	10275.50	2110783.00	1211.16
2003	山　东	10106395.00	4850.64	12078.15	2655706.00	1595.62
2004	山　东	11893716.00	4939.71	15021.84	3584452.00	1750.20
2005	山　东	14662271.00	5110.80	18516.87	4612289.00	1674.48
2006	山　东	18334400.00	5186.50	22077.36	5859834.00	1728.57
2007	山　东	26836667.00	5262.20	25965.91	7511010.50	1723.88
2008	山　东	27046613.00	5352.50	31072.06	9319478.50	2280.65
2009	山　东	32676700.00	5449.77	33896.65	7949070.60	2884.31
1995	河　南	2072753.00	4696.70	2988.37	135759.00	437.84
1996	河　南	2552947.00	4829.20	3661.18	124001.00	499.06
1997	河　南	2843717.00	5017.00	4079.26	128071.00	555.08

续表

年度	地 区	CAP（万元）	EMPLOY（万人）	GDP（亿元）	EXP（万美元）	INV（亿元）
1998	河 南	3236255.00	4999.60	4356.60	118698.00	653.14
1999	河 南	3843157.00	5205.02	4576.10	112730.00	659.25
2000	河 南	4455295.00	5571.67	5137.66	149578.00	728.56
2001	河 南	5085795.00	5516.59	5533.01	170361.00	763.08
2002	河 南	6291811.00	5522.00	6035.48	211862.00	804.80
2003	河 南	7165978.00	5535.68	6867.70	297929.00	941.62
2004	河 南	8799580.00	5587.45	8553.79	417464.00	1092.80
2005	河 南	11160412.00	5662.41	10587.42	508753.00	1311.25
2006	河 南	14400878.00	5717.56	12495.97	663440.00	1558.29
2007	河 南	22263239.00	5772.72	15012.46	837491.60	1656.87
2008	河 南	22816093.00	5835.45	18407.78	1071889.70	2061.72
2009	河 南	29057600.00	5948.78	19480.46	734537.60	2456.46
1995	湖 北	1624296.00	2707.00	2109.38	198435.00	496.71
1996	湖 北	1974425.00	2692.30	2970.20	152603.00	558.40
1997	湖 北	2236993.00	2708.70	3450.24	192075.00	542.01
1998	湖 北	2801215.00	2616.30	3704.21	170757.00	627.54
1999	湖 北	3364552.00	2572.41	3857.99	151229.00	708.86
2000	湖 北	3687701.00	2507.82	4276.32	193555.00	762.24
2001	湖 北	4844034.00	2452.46	3880.53	179679.00	819.24
2002	湖 北	5113895.00	2467.50	4212.82	209826.00	862.96
2003	湖 北	5404356.00	2537.27	4757.45	265537.00	823.82
2004	湖 北	6462888.00	2588.56	5633.24	338219.00	927.94
2005	湖 北	7787159.00	2676.26	6520.14	442868.00	997.21
2006	湖 北	10470041.00	2719.64	7581.32	626063.00	1277.08
2007	湖 北	14985936.00	2763.02	9230.68	817293.90	1588.10

续表

年度	地区	CAP （万元）	EMPLOY （万人）	GDP （亿元）	EXP （万美元）	INV （亿元）
2008	湖　北	16502763.00	2875.59	11330.38	1170890.90	1997.62
2009	湖　北	20909200.00	3024.48	12961.10	997879.60	2619.24
1995	湖　南	1739446.00	3506.10	2132.13	145101.00	298.38
1996	湖　南	2177430.00	3547.40	2647.16	129074.00	355.22
1997	湖　南	2308151.00	3590.70	2993.00	144697.00	333.01
1998	湖　南	2736416.00	3498.50	3118.09	128261.00	405.30
1999	湖　南	3131240.00	3496.07	3326.75	128187.00	463.65
2000	湖　南	3478324.00	3462.14	3691.88	165271.00	520.08
2001	湖　南	4316953.00	3438.83	3831.90	175294.00	582.21
2002	湖　南	5330229.00	3468.70	4151.54	179528.00	635.69
2003	湖　南	5737453.00	3515.89	4659.99	214585.00	695.07
2004	湖　南	7195435.00	3599.62	5641.94	310643.00	836.03
2005	湖　南	8734181.00	3658.30	6511.34	374714.00	965.01
2006	湖　南	10645177.00	3703.83	7568.89	509182.00	1085.67
2007	湖　南	16136254.00	3749.35	9200.00	651539.70	1330.93
2008	湖　南	17652249.00	3810.98	11156.64	841288.40	1704.62
2009	湖　南	22104400.00	3907.70	13059.69	549203.40	2760.81
1995	广　东	5256255.00	3656.80	5933.05	5659200.00	1108.76
1996	广　东	6012263.00	3690.70	6519.14	5934600.00	1092.52
1997	广　东	6826619.00	3784.30	7315.51	7453952.00	1054.32
1998	广　东	8256147.00	3737.40	7919.12	7561766.00	1152.40
1999	广　东	9658990.00	3760.52	8464.31	7768679.00	1226.57
2000	广　东	10803189.00	3860.98	9662.23	9191770.00	1260.84
2001	广　东	13213314.00	3962.87	12039.25	9542085.00	1210.47
2002	广　东	15210792.00	3966.70	13502.42	11846274.00	1167.09

续表

年度	地区	CAP （万元）	EMPLOY （万人）	GDP （亿元）	EXP （万美元）	INV （亿元）
2003	广　东	16956324.00	4119.51	15844.64	15284823.00	1422.17
2004	广　东	18529500.00	4315.96	18864.62	19157104.00	1719.25
2005	广　东	22890691.00	4702.10	22366.54	23815883.00	1957.65
2006	广　东	25533399.00	4997.47	26204.47	30194643.00	1877.09
2007	广　东	36829589.00	5292.84	31084.40	36931608.80	1974.89
2008	广　东	37785681.00	5478.00	35696.46	40566446.80	2358.36
2009	广　东	43343700.00	5643.34	39482.56	35895489.30	3550.67
1995	广　西	1405892.00	2382.50	1497.56	224585.00	216.29
1996	广　西	1570121.00	2416.80	1697.90	191620.00	236.14
1997	广　西	1708345.00	2452.40	1817.25	227924.00	222.83
1998	广　西	1983609.00	2470.90	1903.04	180415.00	276.58
1999	广　西	2249775.00	2481.45	1953.27	124721.00	300.12
2000	广　西	2584866.00	2530.43	2050.14	148891.00	314.77
2001	广　西	3516498.00	2543.43	2279.34	123534.00	348.97
2002	广　西	4198575.00	2570.50	2523.73	150746.00	391.08
2003	广　西	4436023.00	2601.37	2821.11	196992.00	442.40
2004	广　西	5074721.00	2649.11	3433.50	238559.00	535.79
2005	广　西	6114806.00	2703.06	4075.75	287663.00	666.93
2006	广　西	7295172.00	2731.34	4828.51	359297.00	675.18
2007	广　西	11793126.00	2759.61	5955.65	510915.70	880.11
2008	广　西	12971100.00	2807.16	7171.58	734744.40	1091.14
2009	广　西	16218200.00	2862.63	7759.16	837537.00	1647.79
1995	海　南	423860.00	335.30	363.25	83000.00	86.45
1996	海　南	451649.00	335.00	389.53	84132.00	82.37
1997	海　南	478408.00	330.90	409.86	79901.00	75.51

续表

年度	地区	CAP（万元）	EMPLOY（万人）	GDP（亿元）	EXP（万美元）	INV（亿元）
1998	海　南	549066.00	320.80	438.92	76492.00	81.97
1999	海　南	567831.00	326.22	471.23	74725.00	83.39
2000	海　南	641193.00	333.68	518.48	80289.00	83.14
2001	海　南	789426.00	339.71	558.41	79785.00	92.15
2002	海　南	922574.00	341.70	621.97	81930.00	93.36
2003	海　南	1053984.00	353.79	693.20	86620.00	91.57
2004	海　南	1272006.00	366.53	798.90	109255.00	100.41
2005	海　南	1512421.00	377.72	894.57	102254.00	159.69
2006	海　南	1745366.00	396.27	1052.85	137562.00	148.12
2007	海　南	2903451.00	414.81	1223.28	136445.80	141.37
2008	海　南	3579708.00	412.09	1459.23	158719.80	185.91
2009	海　南	4860600.00	431.45	1654.21	130863.20	324.54
1995	重　庆	—	—	1016.25	84733.00	—
1996	重　庆	—	—	1179.09	59365.00	
1997	重　庆	1010110.00	1689.90	1350.10	75562.00	176.31
1998	重　庆	1257608.00	1645.10	1429.26	51411.00	259.55
1999	重　庆	1502365.00	1639.45	1479.71	49038.00	263.42
2000	重　庆	4520041.00	1636.50	1589.34	99566.00	268.79
2001	重　庆	2375486.00	1624.01	1765.68	110255.00	312.63
2002	重　庆	3058591.00	1640.20	1990.01	109101.00	382.15
2003	重　庆	3415775.00	1659.53	2272.82	158499.00	458.84
2004	重　庆	3957233.00	1689.47	2692.81	209075.00	617.77
2005	重　庆	4873543.00	1720.79	3066.92	252058.00	766.95
2006	重　庆	5942543.00	1755.15	3491.57	335102.00	720.14
2007	重　庆	8797596.00	1789.52	4122.51	450720.70	877.56

年度	地区	CAP（万元）	EMPLOY（万人）	GDP（亿元）	EXP（万美元）	INV（亿元）
2008	重　庆	10160112.00	1837.09	5096.66	572204.90	1189.17
2009	重　庆	12920900.00	1878.48	6530.01	428007.10	1736.53
1995	四　川	2777214.00	6335.30	2443.21	142317.00	515.63
1996	四　川	3267262.00	6295.20	2985.15	116575.00	579.65
1997	四　川	2750975.00	4617.60	3320.11	127529.00	514.87
1998	四　川	3209282.00	4534.70	3580.26	117112.00	666.88
1999	四　川	3634981.00	4482.32	3711.61	113851.00	652.62
2000	四　川	1876433.00	4435.76	4010.25	139437.00	667.30
2001	四　川	5940981.00	4414.56	4293.49	158234.00	727.60
2002	四　川	7016201.00	4408.80	4725.01	271163.00	791.82
2003	四　川	7322993.00	4449.61	5333.09	320871.00	873.04
2004	四　川	8952534.00	4503.44	6379.63	397970.00	1002.62
2005	四　川	10821769.00	4603.50	7385.11	470161.00	1202.66
2006	四　川	13473951.00	4691.07	8637.81	662412.00	1572.98
2007	四　川	20805029.00	4778.63	10505.30	860595.90	1816.54
2008	四　川	29488269.00	4874.46	12506.25	1313248.50	2409.50
2009	四　川	35907200.00	4945.23	14151.28	1416944.70	4358.83
1995	贵　州	853300.00	1857.10	636.21	43023.00	107.58
1996	贵　州	995772.00	1892.10	713.70	43554.00	131.63
1997	贵　州	1118288.00	1927.10	792.98	44421.00	141.84
1998	贵　州	1330941.00	1946.30	841.88	38787.00	178.07
1999	贵　州	1707163.00	1975.91	911.86	35775.00	198.97
2000	贵　州	2015698.00	2045.91	993.53	42056.00	247.73
2001	贵　州	2751975.00	2068.24	1133.27	42174.00	352.98
2002	贵　州	3166702.00	2081.40	1243.43	44183.00	416.21

年度	地 区	CAP（万元）	EMPLOY（万人）	GDP（亿元）	EXP（万美元）	INV（亿元）
2003	贵　州	3323547.00	2118.42	1426.34	58798.00	451.37
2004	贵　州	4184181.00	2168.84	1677.80	86661.00	504.16
2005	贵　州	5207261.00	2215.83	1979.06	85894.00	537.71
2006	贵　州	6106411.00	2249.44	2282.00	103843.00	538.83
2007	贵　州	9443511.00	2283.05	2741.90	146546.60	618.09
2008	贵　州	10537922.00	2301.63	3333.40	190077.50	815.15
2009	贵　州	13722700.00	2341.11	3912.68	135661.20	1091.77
1995	云　南	2350993.00	2186.30	1222.15	133097.00	256.56
1996	云　南	2703945.00	2213.80	1491.62	114168.00	279.78
1997	云　南	3132012.00	2247.60	1644.23	113511.00	341.50
1998	云　南	3280023.00	2270.30	1793.90	112214.00	438.57
1999	云　南	3780468.00	2273.40	1855.74	103455.00	439.03
2000	云　南	4141074.00	2295.45	1955.09	117509.00	437.27
2001	云　南	4964302.00	2322.53	2138.31	124400.00	464.39
2002	云　南	5268906.00	2341.00	2312.82	142971.00	483.53
2003	云　南	5873475.00	2349.64	2556.02	167659.00	528.59
2004	云　南	6636354.00	2401.38	3081.91	223861.00	606.90
2005	云　南	7663115.00	2461.32	3472.89	264173.00	815.27
2006	云　南	8935821.00	2531.07	4006.72	339149.00	1072.12
2007	云　南	13222285.00	2600.82	4741.31	476827.90	1261.57
2008	云　南	14702388.00	2679.50	5700.10	498441.30	1457.71
2009	云　南	19523400.00	2730.20	6169.75	451325.20	2084.74
1995	西　藏	348749.00	113.70	56.11	3494.00	34.25
1996	西　藏	368458.00	117.70	64.76	4542.00	28.21
1997	西　藏	381952.00	120.30	76.98	3742.00	31.58

续表

年度	地 区	CAP（万元）	EMPLOY（万人）	GDP（亿元）	EXP（万美元）	INV（亿元）
1998	西 藏	453225.00	118.40	91.18	4758.00	38.57
1999	西 藏	532544.00	122.23	105.61	8627.00	51.05
2000	西 藏	599693.00	123.36	117.46	11334.00	61.42
2001	西 藏	1045690.00	124.65	146.04	8237.00	78.81
2002	西 藏	1378433.00	128.80	166.56	8112.00	92.86
2003	西 藏	1459054.00	130.68	189.09	12126.00	125.76
2004	西 藏	1338335.00	134.83	220.34	13022.00	137.04
2005	西 藏	1854502.00	140.41	250.21	16538.00	146.89
2006	西 藏	2001969.00	147.03	291.01	22222.00	156.76
2007	西 藏	3363043.00	153.66	342.19	32636.40	169.13
2008	西 藏	3806589.00	160.41	395.91	70757.20	199.29
2009	西 藏	4701300.00	169.07	441.36	37547.10	267.26
1995	陕 西	1026917.00	1774.40	1036.85	128261.00	200.28
1996	陕 西	1217909.00	1797.80	1175.38	126922.00	223.51
1997	陕 西	1377240.00	1811.90	1300.03	122814.00	239.66
1998	陕 西	1661955.00	1802.00	1381.53	117582.00	355.57
1999	陕 西	2065173.00	1780.93	1487.61	115084.00	377.56
2000	陕 西	2717597.00	1812.81	1660.92	131005.00	428.82
2001	陕 西	3500506.00	1784.58	2010.62	110778.00	479.13
2002	陕 西	4049114.00	1873.10	2253.39	137603.00	528.69
2003	陕 西	4182008.00	1911.33	2587.72	173414.00	685.87
2004	陕 西	5163052.00	1884.72	3175.58	239658.00	810.64
2005	陕 西	6389627.00	1882.88	3772.69	307689.00	990.89
2006	陕 西	8241805.00	1902.44	4523.74	362961.00	1186.15
2007	陕 西	12447113.00	1922.00	5465.79	467524.90	1565.51

年度	地区	CAP（万元）	EMPLOY（万人）	GDP（亿元）	EXP（万美元）	INV（亿元）
2008	陕　西	14285208.00	1946.56	6851.32	538081.70	2011.53
2009	陕　西	18416400.00	1919.48	8169.80	398814.90	2929.09
1995	甘　肃	813908.00	1159.40	557.76	21951.00	106.33
1996	甘　肃	909538.00	1175.10	714.18	26778.00	144.52
1997	甘　肃	1043042.00	1185.90	781.34	35940.00	169.97
1998	甘　肃	1253382.00	1175.60	869.75	34475.00	216.52
1999	甘　肃	1477868.00	1185.59	931.98	31703.00	246.73
2000	甘　肃	1882322.00	1182.08	983.36	41495.00	277.82
2001	甘　肃	2354643.00	1187.18	1125.37	47568.00	299.83
2002	甘　肃	2740111.00	1254.90	1232.03	54891.00	345.06
2003	甘　肃	3000070.00	1304.03	1399.83	87720.00	377.23
2004	甘　肃	3569366.00	1321.72	1688.49	99638.00	446.67
2005	甘　肃	4293479.00	1347.57	1933.98	109100.00	505.52
2006	甘　肃	5285946.00	1360.97	2276.70	150960.00	558.60
2007	甘　肃	7864519.00	1374.38	2702.40	165865.70	689.29
2008	甘　肃	9684336.00	1388.68	3176.11	160135.40	861.01
2009	甘　肃	12462800.00	1406.62	3387.56	73551.20	1262.82
1995	青　海	288021.00	226.00	167.80	13807.00	44.59
1996	青　海	327145.00	231.90	183.57	13480.00	64.42
1997	青　海	364713.00	235.40	202.05	11659.00	72.37
1998	青　海	440914.00	230.40	220.16	10405.00	87.19
1999	青　海	557191.00	241.19	238.39	8686.00	91.53
2000	青　海	682614.00	238.57	263.59	11200.00	96.07
2001	青　海	1012951.00	240.32	300.13	14913.00	117.29
2002	青　海	1187280.00	247.30	340.65	15100.00	135.96

续表

年度	地 区	CAP （万元）	EMPLOY （万人）	GDP （亿元）	EXP （万美元）	INV （亿元）
2003	青　海	1220438.00	254.26	390.20	27389.00	151.37
2004	青　海	1373363.00	263.08	466.10	45476.00	148.97
2005	青　海	1697547.00	267.62	543.32	32320.00	155.53
2006	青　海	2146628.00	271.95	641.58	53420.00	196.73
2007	青　海	3401434.00	276.29	783.61	38591.30	201.21
2008	青　海	3635950.00	276.79	961.53	41910.00	255.48
2009	青　海	4867500.00	285.54	1081.27	25187.60	395.73
1995	宁　夏	229963.00	243.60	175.19	24012.00	43.44
1996	宁　夏	295196.00	250.10	193.62	20231.00	55.30
1997	宁　夏	336300.00	260.40	210.92	18616.00	65.98
1998	宁　夏	451239.00	259.50	227.46	21037.00	75.90
1999	宁　夏	495346.00	270.83	241.49	24765.00	78.48
2000	宁　夏	608380.00	274.43	265.57	32737.00	97.88
2001	宁　夏	935787.00	278.01	337.44	35180.00	119.41
2002	宁　夏	1145650.00	281.50	377.16	32818.00	129.74
2003	宁　夏	1057793.00	290.63	445.36	51195.00	152.35
2004	宁　夏	1230177.00	298.08	537.16	64626.00	137.88
2005	宁　夏	1602509.00	299.61	606.26	68742.00	189.19
2006	宁　夏	1932089.00	304.53	710.76	94262.00	185.82
2007	宁　夏	2802466.00	309.46	889.20	108567.40	185.05
2008	宁　夏	3246064.00	303.92	1098.51	125836.80	291.43
2009	宁　夏	4323600.00	328.51	1353.31	74293.00	370.18
1995	新　疆	964021.00	662.20	814.85	76880.00	262.68
1996	新　疆	1148890.00	671.60	912.15	54975.00	312.64
1997	新　疆	1233534.00	690.70	1050.14	56978.00	363.42

续表

年度	地区	CAP（万元）	EMPLOY（万人）	GDP（亿元）	EXP（万美元）	INV（亿元）
1998	新　疆	1459933.00	678.30	1116.67	74751.00	434.59
1999	新　疆	1662788.00	669.62	1168.55	102734.00	418.57
2000	新　疆	1909529.00	672.48	1364.36	120413.00	329.42
2001	新　疆	2633232.00	685.38	1491.60	66837.00	353.28
2002	新　疆	3611729.00	701.50	1612.65	130850.00	392.30
2003	新　疆	3684676.00	721.30	1886.35	254055.00	472.35
2004	新　疆	4210446.00	744.50	2209.09	304627.00	519.19
2005	新　疆	5190179.00	764.30	2604.19	503892.00	557.88
2006	新　疆	6784723.00	782.57	3045.26	713923.00	674.54
2007	新　疆	9435653.00	800.84	3523.16	1150217.00	690.40
2008	新　疆	10593638.00	813.70	4203.41	1929910.00	903.08
2009	新　疆	13469100.00	829.17	4277.05	1093456.30	1 254.91

资料来源：中经网数据库、中国统计年鉴等。

参 考 文 献

［1］安惠元．河南年鉴［M］．郑州：河南年鉴社，2010：252－293.

［2］北京师范大学管理学院，北京师范大学政府管理研究院．2011 中国民生发展报告［M］．北京：北京师范大学出版社，2011：21－165.

［3］蔡玉峰．政府和企业的博弈分析［M］．北京：中国经济出版社，2000：22－25.

［4］曹荣湘．蒂布特模型［M］．北京：社会科学文献出版社，2004：3－16.

［5］陈东琪，银温泉．打破地方市场分割［M］．北京：中国计划出版社，2002：17－18.

［6］陈和平．重庆年鉴［M］．重庆：重庆年鉴社，2010：204－234.

［7］陈秀山．中国区域经济问题研究［M］．北京：商务印书馆，2005：2－6.

［8］陈一新，李学忠．浙江年鉴［M］．杭州：浙江年鉴社，2010：279－294.

［9］樊纲，王小鲁．中国市场化指数［M］．北京：经济科学出版社，2010：3－55.

［10］高铁梅．计量经济分析方法与建模［M］．北京：清华大学出版社，2009：319－369.

［11］国家发展和改革委员会投资司，国家发展和改革委员会投资研究所，国家统计局投资统计司．中国投资报告［M］．北京：

中国计划出版社，2005：114 – 193.

[12] 国家发展和改革委员会投资司，国家发展和改革委员会投资研究所，国家统计局投资统计司．中国投资报告 [M]．北京：中国计划出版社，2006：45 – 127.

[13] 国家发展和改革委员会投资司，国家发展和改革委员会投资研究所，国家统计局投资统计司．中国投资报告 [M]．北京：中国计划出版社，2007：160 – 170.

[14] 国家发展和改革委员会投资司，国家发展和改革委员会投资研究所，国家统计局投资统计司．中国投资报告 [M]．北京：中国计划出版社，2008：74 – 126.

[15] 国家发展和改革委员会投资司，国家发展和改革委员会投资研究所，国家统计局投资统计司．中国投资报告 [M]．北京：中国计划出版社，2009：63 – 196.

[16] 国家发展和改革委员会投资司，国家发展和改革委员会投资研究所，国家统计局投资统计司．中国投资报告 [M]．北京：中国投资杂志社，2010：75 – 230.

[17] 郭小聪．政府经济学 [M]．北京：中国人民大学出版社，2003：33 – 38.

[18] 胡书东．经济发展中的中央与地方关系——中国财政制度变迁研究 [M]．上海：上海人民出版社，2001：15 – 39.

[19] 黄继忠．区域内经济不平衡增长论 [M]．北京：经济管理出版社，2001：12 – 15.

[20] 金庆礼．甘肃年鉴 [M]．兰州：甘肃文化出版社，2010：248 – 265.

[21] 金太军，赵晖，高红，张方华．政府职能梳理与重构 [M]．广州：广东人民出版社，2002：15 – 18.

[22] 孔志锋．地方财政 [M]．北京：中国财政经济出版社，1997：2 – 6.

[23] 李国峰．中国区域经济发展中的地方政府投资行为分析

[M]. 北京：企业管理出版社，2008：140 – 156.

[24] 李青. 政府职能转变过程中的区域经济管理模式 [M]. 北京：经济管理出版社，2001：5 – 12.

[25] 李树桂. 中国区域经济问题研究 [M]. 成都：成都科技大学出版社，1993：5 – 6.

[26] 梁振球. 海南年鉴 [M]. 海口：海南年鉴社，2010：285 – 319.

[27] [美] 罗默. 高级宏观经济学 [M]. 上海：上海财经大学出版社，2003：87 – 130.

[28] 刘剑刚. 天津年鉴 [M]. 天津：天津年鉴社，2010：190 – 325.

[29] [美] 曼昆. 宏观经济学 [M]. 北京：中国人民大学出版社，2000：39 – 69.

[30] 潘明星，韩丽华. 政府经济学 [M]. 北京：中国人民大学出版社，2011.

[31] 青木昌彦. 比较制度分析 [M]. 上海：上海远东出版社，2001：27 – 29.

[32] [日] 青木昌彦. 政府在东亚经济发展中的作用：比较制度分析 [M]. 北京：中国经济出版社，1998：56 – 58.

[33] [美] 萨瓦斯. 民营化与公私部门的伙伴关系 [M]. 北京：中国人民大学出版社，2003：18 – 22.

[34] [美] 桑贾伊·普拉丹. 公共支出分析的基本方法 [M]. 北京：中国财政经济出版社，2000：5 – 15.

[35] 沈坤荣. 体制转型期的中国经济增长 [M]. 南京：南京大学出版社，1999：55 – 58.

[36] 宋立，刘树杰. 各级政府公共服务事权财权配置 [M]. 北京：中国计划出版社，2005：25 – 33.

[37] 王梦奎，李善同. 中国地区社会经济发展不平衡问题研究 [M]. 北京：商务印书馆，1998：7 – 9.

[38] 吴新雄. 江西年鉴 [M]. 北京：方志出版社，2010：246 – 253.

[39] 西藏年鉴编委会. 西藏年鉴 [M]. 拉萨：西藏人民出版社，2010：80 – 98.

[40] 张军扩，侯永志等. 中国区域政策与区域发展 [M]. 北京：中国发展出版社，2010：13 – 78.

[41] 张中华. 中国市场化过程中的地方政府投资行为研究 [M]. 长沙：湖南人民出版社，1997：16 – 18.

[42] 中华人民共和国财政部. 中国财政基本基本情况 [M]. 北京：经济科学出版社，2008 – 2010.

[43] 白重恩，杜颖娟，陶志刚，仝月婷. 地方保护主义及产业地区集中度的决定因素和变动趋势 [J]. 经济研究，2004（4）：29 – 40.

[44] 蔡昉，都阳. 中国地区经济增长的趋同与差异——对西部开发战略的启示 [J]. 经济研究，2000（10）：30 – 37.

[45] 蔡卫星，赵峰，曾诚. 政治关系、地区经济增长与企业投资行为 [J]. 金融研究，2011（4）：100 – 112.

[46] 陈建宝，戴平生. 我国财政支出对经济增长的乘数效应分析 [J]. 厦门大学学报（哲学社会科学版），2008（5）：26 – 32.

[47] 陈敏，桂琦寒，陆铭，陈钊. 中国经济增长如何持续发挥规模效应——经济开放与国内商品市场分割的实证研究 [J]. 经济学（季刊），2007，7（1）：125 – 150.

[48] 郭冠楠. 加强地方政府投资在经济转型中的作用 [J]. 宏观经济管理，2011（3）：54 – 55.

[49] 何晓星. 再论中国地方政府主导型市场经济 [J]. 中国工业经济，2005（1）：31 – 38.

[50] 洪银兴. 地方政府行为和中国市场经济的发展 [J]. 经济学家，1997（1）：42 – 50.

[51] 黄玖立，李坤望. 出口开放、地区市场规模和经济增长

[J]. 经济研究, 2006 (6): 27 - 38.

[52] 姜维壮, 王倩. 地方债发行管理比较研究 [J]. 中央财经大学学报, 2009 (10): 60 - 65.

[53] 经济增长前沿课题组. 经济增长、结构调整的累积效应与资本形成——当前经济增长态势分析 [J]. 经济研究, 2003 (8): 3 - 12.

[54] 兰宜生. 对外开放度与地区经济增长的实证分析 [J]. 统计研究, 2002 (2): 19 - 22.

[55] 李广杰, 花小安, 侯效敏. 地方政府投资行为、规制与经济增长——"转型期中国地方政府投资行为及其规制"研讨会综述 [J]. 经济研究, 2009 (6): 155 - 158.

[56] 李军杰, 周卫峰. 基于政府间竞争的地方政府经济行为分析——以"铁本事件"为例 [J]. 经济社会体制比较, 2005 (1): 49 - 53.

[57] 李秀敏. 人力资本、人力资本结构与区域协调发展——来自中国省级区域的证据 [J]. 华中师范大学学报 (人文社会科学版), 2007, 46 (3): 47 - 56.

[58] 林毅夫, 刘培林. 中国的经济发展战略与地区收入差距 [J]. 经济研究, 2003 (3): 19 - 25.

[59] 林毅夫, 刘志强. 中国财政分权与经济增长 [J]. 北京大学学报 (哲学社会科学版), 2000, 37 (200): 5 - 17.

[60] 刘大志, 蔡玉胜. 地方政府竞争、资本形成与经济增长 [J]. 当代财经, 2005 (2): 20 - 22.

[61] 刘培林. 地方保护和市场分割的损失 [J]. 中国工业经济, 2005 (4): 69 - 76.

[62] 刘溶沧, 马拴友. 赤字、国债与经济增长关系的实证分析——兼评积极财政政策是否有挤出效应 [J]. 经济研究, 2001 (2): 13 - 28.

[63] 刘夏明, 魏英琪, 李国平. 收敛还是发散——中国区域

经济发展争论的文献综述 [J]. 经济研究, 2004 (7): 70 - 81.

[64] 刘志广. 我国地方政府财政收入来源及其规模 [J]. 地方财政研究, 2010 (4): 14 - 19.

[65] 陆铭, 陈钊. 分割市场的经济增长——为什么经济开放可能加剧地方保护 [J]. 经济研究, 2009 (3): 42 - 52.

[66] 陆铭, 陈钊, 严冀. 收益递增、发展战略与区域经济的分割 [J]. 经济研究, 2004 (1): 54 - 63.

[67] 马拴友, 于红霞. 转移支付与地区经济收敛 [J]. 经济研究, 2003 (3): 26 - 33.

[68] 马雪彬, 陈娇. 地方政府融资平台、或有负债与财政风险 [J]. 广西财经学院学报, 2010, 23 (5): 71 - 74.

[69] 马颖, 陈波, 周剑麟. 分权化改革与中国金融发展 [J]. 发展经济学论坛, 2008 (1): 1 - 12.

[70] 欧阳昌鹏. 地方政府投资行为的宏观分析 [J]. 当代财经, 2006 (1): 39 - 45.

[71] 沈坤荣, 付文林. 税收竞争、地区博弈及其增长绩效 [J]. 经济研究, 2006 (6): 17 - 27.

[72] 时致衡. 地方政府投资膨胀问题及其对策 [J]. 南昌高专学报, 2008 (4): 28 - 30.

[73] 万广华, 陆铭, 陈钊. 全球化与地区间收入差距: 来自中国的证据 [J]. 中国社会科学, 2005 (3): 17 - 26.

[74] 王傲兰. 我国区域经济发展的实践与理论 [J]. 宏观经济研究, 2003 (3): 29 - 31.

[75] 王立国, 丛颖. 地方政府投资对私人投资的挤出效应分析——基于时间序列数据的实证研究 [J]. 生产力研究, 2009 (10): 61 - 64.

[76] 魏后凯. 外商直接投资对中国区域经济增长的影响 [J]. 经济研究, 2002 (4): 19 - 26.

[77] 吴亚平. 完善中央和地方政府投资宏观调控职责分工

[J]. 投融资研究, 2010 (5): 92 – 94.

[78] 严冀, 陆铭, 陈钊. 改革、政策的相互作用和经济增长——来自中国省级面板数据的证据 [J]. 世界经济文汇, 2005 (1): 27 – 46.

[79] 闫彦明, 李桂花. 我国地方政府投资项目管理的制度约束及管理模式创新研究 [J]. 社会科学, 2009 (2): 38 – 43.

[80] 杨开忠. 中国区域经济差异的变动研究 [J]. 经济研究, 1994 (12): 19 – 33.

[81] 杨晓华. 中国公共投资于经济增长的计量分析——兼论公共投资对私人投资的基础效应 [J]. 山东财政学院学报, 2006 (5): 68 – 72.

[82] 姚先国, 张海峰. 教育、人力资本与地区经济差异 [J]. 经济研究, 2008 (5): 49 – 49.

[83] 张汉亚. 我国投资体制的问题与改革方向 [J]. 中国社会科学院研究生院学报, 2003 (4): 51 – 58.

[84] 张汉亚. 中国固定资产投资体制改革30年 [J]. 宏观经济研究, 2008 (10): 11 – 17.

[85] 张汉亚. 我国"十二五"期间经济社会发展面临的形势 [J]. 中国投资, 2010 (10): 43 – 45.

[86] 张红霞. 地方政府投资评价的灰色关联分析——以辽宁为研究视角 [J]. 社会科学辑刊, 2010 (1): 91 – 94.

[87] 张红霞. 地方政府投资与产业结构关系的协整分析 [J]. 山东财政学院学报, 2010 (2): 50 – 56.

[88] 张吉鹏, 吴桂英. 中国地区差距: 度量与成因 [J]. 世界经济文汇, 2004 (4): 60 – 81.

[89] 张军, 高远, 傅勇, 张弘. 中国为什么拥有良好的基础设施建设 [J]. 经济研究, 2007 (3): 4 – 19.

[90] 张卫国, 任燕燕, 侯永健. 地方政府投资行为对经济长期增长的影响——来自中国经济转型的证据 [J]. 中国工业经济,

2010（8）：23–33.

[91] 张卫国. 地方政府投资行为：转型期中国经济的深层制约因素 [J]. 学术月刊，2005（12）：46–51.

[92] 张维迎，栗树和. 地区间竞争与中国国有企业的民营化 [J]. 经济研究，1998（12）：13–22.

[93] 张晏，龚六堂. 分税制改革、财政分权与中国经济增长 [J]. 经济学，2005（1）：75–108.

[94] 郑毓敏，李崇高. 中国地方分割的效率损失 [J]. 中国社会科学，2003（1）：64–72.

[95] "中国地方政府竞争" 课题组. 中国地方政府竞争与公共物品融资 [J]. 财贸经济，2002（10）：5–11.

[96] 中国经济增长与宏观稳定课题组. 增长失衡与政府责任——基于社会性支出角度的分析 [J]. 经济研究，2006（10）：4–17.

[97] 邹东涛. 经济中国之新制度经济学与中国 [M]. 北京：中国经济出版社，2004.

[98] 李俊丽. 城市土地出让中的地方政府经济行为研究 [D]. 成都：西南财经大学，2008.

[99] 李尚骜. 内生经济增长的驱动因素分析 [D]. 武汉：华中科技大学，2010.

[100] 李一花. 中国地方政府投资研究 [D]. 厦门：厦门大学，2002.

[101] 张卫国. 转型期地方政府投资行为对经济增长与就业的影响 [D]. 上海：复旦大学，2005.

[102] 张新. 人力资本、技术进步与内生经济增长：理论及中国实证 [D]. 长沙：湖南大学，2007.

[103] 魏加宁. 关于中国的地方债务问题及其对策思考 [R]. 国务院发展研究中心宏观经济部地方债务课题组报告，2004.

[104] Alberto Alesina, Enrico Spolaore, Romain Wacziarg. Eco-

nomic Integration and Political Disintegration [J]. American Economic Review, 2000, 90 (5): 1276 – 1296.

[105] AlwynYoung. The Razor's Edge: Distortions and Incremental Reform in the People's Republic of China [J]. The Quarterly Journal of Economics, 2000, 115 (4): 1091 – 1135.

[106] Andrew Feltenstein, Shigeru Iwata. Decentralization and Macroeconomic Performance in China: Regional Autonomy Has its Costs [J]. Journal of Development Economics, 2005 (76): 481 – 501.

[107] Andrew F. Haughwout. The Paradox of Infrastructure Investment: Can a Productive Good Reduce Productivity? [J]. The Brookings Review, 2000, 18 (3): 40 – 43.

[108] Bela Balassa. Exports and Economic Growth: Further Envidence [J]. Jounral of Development Economics, 1978, 5 (2): 181 – 189.

[109] Bert Hofman. An analysis of Chinese fiscal data over the reform period [J]. China Economic Review, 1993, 4 (2): 213 – 230.

[110] Chen Jian, Belton M. Fleisher. Regional Income Inequality and Economic Growth in China [J]. Journal of Comparative Economics, 1996, 22 (2): 141 – 164.

[111] David Cass. Optimum Growth in an Aggregative Model of Capital Accumulation [J]. Review of Economic Studies, 1965, 32 (3): 233 – 240.

[112] David Dollar. Economic reform and allocative efficiency in China's state-owned industry [J]. Economic Development and Cultural Change, 1990 (34): 89 – 105.

[113] Dan Ben-David, Michael B. Loewy. Free Trade, Growth and Converagence [J]. Journal of Economice Growth, 1998 (3): 143 – 170.

[114] Dan Ben-David, Michael B. Loewy. Knowledge Dissemina-

tion, Capital Accumulation, Trade, and Endogenous Growth [J]. Oxford Economic Paper, 2000 (52): 637 - 650.

[115] Fan Shenggen, Zhang Xiaobo. Infrastructure and regional economic development in rural China [J]. China Economic Review, 2004 (15): 203 - 214.

[116] John F. Helliwell. National Boarders, Trade and Migration [J]. Pacific Economic Review, 1997, 2 (3): 165 - 185.

[117] Kai Yuen Tsui. China's Regional Inequality, 1952 - 1985 [J]. Journal of Comparative Economics, 1991, 15 (1): 1 - 21.

[118] Kai Yuen Tsui. Decomposition of China's Regional Inequalities [J]. Journal of Comparative Economics, 1993, 17 (3): 600 - 627.

[119] Kevin Lee, M. Hashem Pesaran, Ron Smith. Growth Empirics: A Panel Date Approach-A Comment [J]. The Quarterly Journal of Economics, 1998, 113 (1): 319 - 323.

[120] Melyvn Weeks, James Yudong Yao. Provincial Conditional Income Convergence in China, 1953 - 1997: A Panel Data Approach [J]. Econometric Review, 2003, 22 (1): 59 - 77.

[121] M. O. Odedokun. Relative Effects of Public versus Private Investment Spending on Economic Efficiency and Growth in Developing Countries [J]. Applied Economics, 1997 (29): 1325 - 1336.

[122] Ravi Kanbur, Zhang Xiaobo. Fifty Years of Regional Inequality in China: A Journey through Central Planning, Reform and Openness [J]. Review of Development Economics, 2005, 9 (1): 87 - 106.

[123] Robert C. Feenstra. Trade and Uneven Growth [J]. Journal of Development Economics, 1996 (49): 229 - 256.

[124] Robert J. Barro. Economic Growth in a Cross-Section of Countries [J]. Quarterly Journal of Economics, 1991 (106): 407 -

443.

[125] Robert J. Barro. Government Spending in a Simple Model of Endogenous Growth [J]. The Journal of Political Economy, 1999, 98 (5): 103 - 125.

[126] Robert J. Barro. Inequity and Growth in a Panel of Countries [J]. Journal of Economic Growth, 2000 (5): 5 - 32.

[127] Robert J. Barro, Xavier Sala-i-Martin. Convergence across States and Regions [J]. Brookings Papers on Economic Activity, 1991 (1): 107 - 158.

[128] Sandra Poncet. A Fragmented China: Measure and Determinants of Chinese Domestic Market Disintegration [J]. Review of International Economics, 2005, 13 (3): 409 - 430.

[129] Sandra Poncet. Measuring Chinese Domestic and International Integration [J]. China Economic Review, 2003, 14 (1): 1 - 21.

[130] Sylvie Demurge. Infrastructure Development and Economic Growth: An Explanation for Regional Disparities in China? [J]. Journal of Comparative Economics, 2001 (29): 95 - 117.

[131] Xinpeng Xu. Have the Chinese Provinces Become Integrated Under Reform [J]. China Economic Review, 2002 (13): 116 - 133.

[132] Yingyi Qian, Barry R. Weingast. China's Transition to Markets: Market-Preserving Federalism, Chinese Style [J]. Journal of Policy Reform, 1996 (1): 149 - 185.

[133] Yingyi Qian, Barry R. Weingast. Federalism as a Commitment to Preserving Market Incentives [J]. Journal of Economic Perspectives, 1997, 11 (4): 83 - 92.

[134] Yingyi Qian, Gerard Roland. Federalism and the Soft Budget Constraint [J]. American Economic Review, 1998, 88 (5):

1143 – 1162.

[135] Barry Naughton. How much can Regional Integration Do to Unify China's Market [R]. Stanford: Center for Research on Economic Development and Policy Research, Stanford University, 1999.

[136] Habib Ahmed, Stephen M. Miller. Crowding-out and Crowding-in Effects of Components of Government Expenditure [R]. Storrs: University of Connecticut, 1999.

[137] Hu Zuliu, Mohsin S. Khan. Why is China Growing so Fast [R]. Washington, DC: International Monetary Fund, 1997.

[138] Jian Tianlun, Jeffery D. Sachs, Andrew M. Warner. Trends in Regional Inequality in China [R]. National Bureau of Economic Research 1996.

[139] Olivier Blanchard, Andrei Shleifer. Federalism with and without Political Centralization: China versus Russia [R]. National Bureau of Economic Research: Working Paper 7616, 2000.

[140] Roy Bahl, Chirstine Wallich. Intergovernmental Fiscal Relations in China [R]. The World Bank, 1992.

[141] Yingyi Qian. The institutional Foundations of China's Market Transition [R]. Washington, DC: University of California, Berkeley-Department of Economics, 1999.

后　记

　　《中国地方政府投资对经济发展影响的研究》是在本人博士论文的基础上修订完成的。时光荏苒，转眼又是三年时光。在专著即将出版之际，我要衷心感谢我的博士生导师张汉亚研究员，在我的求学过程中，张老师尊重学生个人的研究兴趣和选择，并给予我肯定与鼓励；在论文指导的过程中，张老师逐字逐句推敲，哪怕是一个小小的细节，老师也要讨论求证，不放过任何错误；在生活中，张老师是一位和蔼的长者，从不端架子，为人宽容。张老师渊博的知识、严谨的治学态度、宽厚待人的风范，为我树立了人生的榜样。从教三年，每当想起老师、想起老师的教诲，我都充满了动力与决心——像老师那样，做学生人生路上的指路明灯。

　　同时，我要感谢我的家人，感谢家人对我无私的爱、理解、支持以及包容。家人的爱让我心中充满了希望与美好，即使面临困难与痛苦，我也会积极、乐观面对。

　　最后，我要感谢学校对专著出版的支持，并衷心感谢经济科学出版社王东岗老师的全力支持与帮助。

　　人生，永怀感恩之心！

郭冠楠

2017 年 10 月